JN299987

これからの介護・福祉事業を担う経営"人財"

介護福祉経営士テキスト

実践編 II

リハビリテーション・マネジメント

QOL向上のための哲学

竹内孝仁 編著

JMP 日本医療企画

● 総監修のことば

なぜ今、「介護福祉」事業に経営人材が必要なのか

　介護保険制度は創設から10年あまりが経過し、「介護の社会化」は広く認知され、超高齢社会の我が国にとって欠かせない社会保障として定着している。この介護保険制度では「民間活力の導入」が大きな特徴の1つであり、株式会社、社会福祉法人、NPO法人など多岐にわたる経営主体は、制度改正・報酬改定などの影響を受けつつも、さまざまな工夫を凝らし、安定した質の高いサービスの提供のため、経営・運営を続けている。

　しかしながら、介護福祉業界全般を産業として鑑みると、十分に成熟しているとは言えないのが現実である。経営主体あるいは経営者においては経営手法・マネジメントなどを体系的・包括的に修得する機会がなく、そのため、特に介護業界の大半を占める中小事業者では、不安定な経営が多くみられる。

　安定的な介護福祉事業経営こそが、高齢者等に安心・安全なサービスを継続して提供できる根本である。その根本を確固たるものにするためにも体系的な教育システムによって経営を担う人材を育成・養成することが急務であると考え、そのための教材として誕生したのが、この『介護福祉経営士テキストシリーズ』である。

　本シリーズは「基礎編」と「実践編」の2分野、全21巻で構成されている。基礎編では介護福祉事業の経営を担うに当たり、必須と考えられる知識を身につけることを目的としている。制度や政策、関連法規等はもちろん、倫理学や産業論の視点も踏まえ、介護福祉とは何かを理解することができる内容となっている。そして基礎編で学んだ内容を踏まえ、実際の現場で求められる経営・マネジメントに関する知識を体系的に学ぶことができるのが実践編という位置付けになっている。

　本シリーズの大きな特徴として、各テキストの編者・著者は、いずれも第一線で活躍している精鋭の方々であり、医療・介護の現場の方から教育現場の方、経営の実務に当たっている方など、そのフィールドが多岐にわたっていること

が挙げられる。介護福祉事業の経営という幅広い概念を捉えるためには、多様な視点をもつことが必要となる。さまざまな立場にある執筆陣によって書かれた本シリーズを学ぶことで、より広い視野と深い知見を得ることができるはずである。

　介護福祉は、少子超高齢化が進む日本において最重要分野であるとともに、「産業」という面から見ればこれからの日本経済を支える成長分野である。それだけに日々新しい知見が生まれ、蓄積されていくことになるだろう。本シリーズにおいても、改訂やラインアップを増やすなど、進化を続けていかなければならないと考えている。読者の皆様からのご教示を頂戴できれば幸いである。
　本シリーズが経営者はもとより、施設長・グループ長など介護福祉経営の第二世代、さらには福祉系大学の学生等の第三世代の方々など、現場で活躍される多くの皆様に学んでいただけることを願っている。そしてここで得た知見を机上の空論とすることなく、介護福祉の現場で実践していただきたい。そのことが安心して老後を迎えることのできる社会構築に不可欠な、介護福祉サービスの発展とその質の向上につながると信じている。

総監修

江草安彦
社会福祉法人旭川荘名誉理事長、川崎医療福祉大学名誉学長

大橋謙策
公益財団法人テクノエイド協会理事長、元日本社会事業大学学長

北島政樹
国際医療福祉大学学長

(50音順)

● はじめに

生活を活動的に変えて「自立」につながるリハビリテーションを

　介護福祉施設は、高齢者や障害者の「生活の場」です。その場での「生活」を回復したり築いていく活動が、介護福祉施設におけるリハビリテーションです。リハビリテーションとは、"手足の機能訓練"ではなく、「生活」をより豊かに、活動的に変えていくものです。

　介護保険法総則に「自立した日常生活を営むことができるよう……」と自立支援が掲げられていますが、これまで介護福祉施設は、その役割を果たしてきたでしょうか。

　2012（平成24）年4月、介護保険の制度改正が行われました。その結果、減算を余儀なくされた施設は多かったと思います。つまり、それが結果なのです。そして、2025年には、今以上に介護福祉施設の役割、介護の質が問われることになるでしょう。

　本書では、介護福祉施設に求められる社会的役割と、リハビリテーションによって目指す高齢者の自立、QOL向上について述べています。

　介護福祉施設は、在宅ケアに比べると介護保険費用が約2倍かかります。今後施行されるさまざまな対策は、在宅ケア（地域包括ケア）へとシフトしていくでしょう。それは、「最期は家で……」という本人の思いの実現と、逼迫した介護保険財政への対策が、「在宅ケア」という方向へ向かっているからです。

　そのような状況の中で介護福祉施設が生き残りをかけるとき、やはり「自立支援」を念頭に置くことがポイントとなるでしょう。今までの生活の延長ではなく、入所者を在宅復帰させる施設への変換が求められているのではないでしょうか。

　介護福祉経営士が中心となり、施設職員を束ね、明確な「自立」への方針を打ち出す必要があるといえます。

竹内　孝仁
小平めぐみ

CONTENTS

介護福祉経営士【実践編Ⅱ】／目次

総監修のことば………………………………………………………… Ⅱ
はじめに………………………………………………………………… Ⅴ

第1章　リハビリテーション・マネジメント総論 ……………… 1

　1　リハビリテーション・マネジメント………………………… 2
　2　要介護高齢者のリハビリテーション・マネジメント……… 6

第2章　自立支援介護の理論と実践 …………………………… 19

　1　基本ケア………………………………………………………… 20
　2　高齢者ケアの4つの基本ケア①　水分……………………… 23
　3　高齢者ケアの4つの基本ケア②　食事……………………… 28
　4　高齢者ケアの4つの基本ケア③　生理的排便……………… 31
　5　高齢者ケアの4つの基本ケア④　運動……………………… 37
　6　排泄（おむつ外し）と歩行…………………………………… 41
　7　認知症の改善…………………………………………………… 47

第3章　介護の経済学──おむつ外しの効果 ………………… 55

　1　自立支援介護の現状…………………………………………… 56
　2　おむつに関する現状…………………………………………… 60
　3　排泄に関する現状……………………………………………… 63

第4章　在宅復帰の理論と実践 …………………………………… 67

- **1** 在宅復帰と相談員……………………………………………… 68
- **2** 家族アプローチ①　概要……………………………………… 73
- **3** 家族アプローチ②　入所前・入所・入所初期……………… 76
- **4** 家族アプローチ③　中間期…………………………………… 82
- **5** 家族アプローチ④　退所準備・退所期……………………… 88
- **6** 家族アプローチ⑤　退所後のフォローアップ……………… 91

第5章　在宅復帰の経済学
——自立性回復が経営安定のカギ …………………… 95

- **1** 介護保険財源…………………………………………………… 96
- **2** 施設と在宅との費用差………………………………………… 100

第1章
リハビリテーション・マネジメント 総論

1 リハビリテーション・マネジメント
2 要介護高齢者のリハビリテーション・マネジメント

1 リハビリテーション・マネジメント

1 マネジメントの対象

　リハビリテーションの目標は、障害をもった人々が最終的に「地域社会で他の市民と同等の生活を送る」ことで、全体を指してノーマライゼーション（normalization）と呼ばれ、"普通の生活を得る"といった意味です。

　障害の発生から他の市民と同等の生活にいたる過程には、医療的働きかけ、理学療法士（PT）・作業療法士（OT）その他のリハビリテーションスタッフの訓練や指導、経済援護などの社会的支援などさまざまな援助が必要とされます。したがって「リハビリテーション・マネジメント」という概念は、「これら多様な援助・支援を当事者のリハビリテーションに向けてマネジメントしていく」ものになりますが、この言葉は一般的なリハビリテーションの世界では使われていないのが現状です。それはマネジメントという言葉には、"誰が誰をマネジメントするのか"という問題がつきまとい、普通にイメージされる"専門家が障害者をマネジメントする"という考え方が、1970年代以降の「自立生活運動」の中で厳しく批判されたからです。

　障害者は他人からマネジメントされる対象ではなく、主体的生活者であるというのがその主張です。現在、「ケアマネジメント」という言葉と制度がありますが、マネジメントするのは「ケア（サービス）」であって「人」ではないという考えで使われています。

2 介護保険制度における
　リハビリテーション・マネジメント

　わが国の介護保険制度の中では、このような概念論から離れて、実践的な目的でリハビリテーション・マネジメントという言葉が用いられ、介護報酬（リハビリテーション・マネジメント料）の対象となっています。

　介護保険制度は、もともとリハビリテーションサービスを提供して利用者の自立性を最大限改善し、残った障害に対して社会的にケアやサービスを提供するという趣旨で設けられた制度で、リハビリテーションサービスは制度発足以来重視されてきました。現在この報酬が設けられているのは、介護老人保健施設、通所リハビリテーション（デイケア）、訪問リハビリテーションです。

　また、加算の条件になるリハビリテーションサービスは、医師、理学療法士（PT）、作業療法士（OT）、言語聴覚士（ST）などによる「機能訓練」を中心とし、それに他の職種が協力して、①統合されたリハビリテーション「実施計画」を作成し、②いわゆる機能訓練を実施記録し、③その定期的評価と見直しを行うこと、とされています。

3 リハビリテーション・マネジメントは
　どうあるべきか

　次に、リハビリテーション・マネジメントはどうあるべきかを考えてみましょう。このために、よく用いられる自立支援の「自立」から見ていくことにします。

（1）自立には3つの側面がある

　ふだん私たちがよく口にしている「自立」には3つの側面がありま

す。人間は、「身体的」「心理的（または精神的）」「社会的」存在であり、これらの統合体として存在しています。

　WHO（世界保健機関）が「健康とは単に身体的疾病の有無ではなく、精神的、社会的に良好な状態をいう」と定義したのも、この3つの側面が人間のありようだからです。

　自立についても、当然、「身体的自立」「心理的自立」「社会的自立」の3つの側面があり、単に「自立」というときにはこれらを総合して表現していることになります（**図表1-1**）。

図表1-1 ●身体的・心理的（精神的）・社会的自立

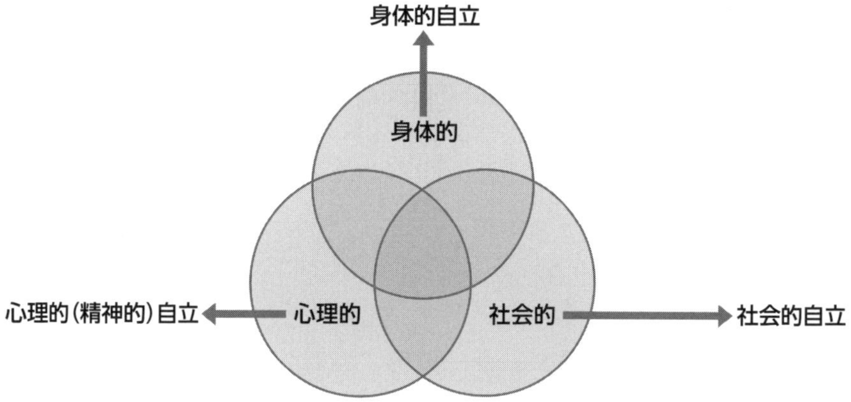

身体的自立

身体的

心理的（精神的）自立　心理的　社会的　社会的自立

著者作成

（2）世代によってリハビリテーションの課題が違う

　次に、リハビリテーションでの課題について考えてみましょう。ここで注意すべきことは、リハビリテーションの対象となる「障害をもつ人々」には大きく分けて、①障害児、②障害者、③高齢者の3つの世代があるという事実です。世代ごとにリハビリテーションの課題は異なります。

①障害児

　図表1-1の身体的・心理的・社会的の3つの側面すべてにおける自立が課題となり、これを合わせて「発達」と呼んでいます。

②障害者

　身体的自立は最大限達成していることから、社会的自立が最重要課

題となります。

③高齢者

　要介護になることが介護問題を生むので、身体的自立が最重要課題となります。

　以上のように、各世代別にリハビリテーション課題が違うので、課題解決のためのリハビリテーション・マネジメントも、当然異なります。

　高齢者の場合は、身体的自立を中心にリハビリテーション・マネジメントが行われると考えてよいでしょう。

(3) 高齢者の身体的自立

　ここで、身体的自立とは何を指すのかという「内容」の問題があります。高齢者の場合は、食事や排泄などいわゆる身のまわりの活動動作（ADL：Activities of Daily Living）といわれるもの、および買い物や預金の出し入れなどの生活関連動作または手段的活動動作（IADL：Instrumental Activities of Daily Living）が対象になります。成人の障害者に必要な職業的技能などは、高齢者は対象にならないと考えるとよいでしょう。

　もう1つの問題は、身体的自立に認知症などの"身体障害のない例"は含まれるのか、ということです。認知症や他の精神障害のためにADLやIADLが自立できない、ということはあり得ることだからです。ADLやIADLの遂行には必ず何らかの身体活動を必要とし、しかもそれが目的に合った合理的なものである必要があります。

　結論をいえば、高齢者の身体的自立は、ADLやIADLが自立することで、麻痺などの身体障害も認知症などの精神障害も対象になる、と考えておくとよいでしょう。

2 要介護高齢者のリハビリテーション・マネジメント

1 生活の場とリハビリテーション

　リハビリテーションの理念を語る言葉に「ノーマライゼーション」があることは先に述べました。これは「地域社会における他の市民と同等の生活」を示すものです。

（1）在宅生活
　地域での生活を一般に在宅生活と呼んでいますが、そこでの生活が円滑に行われることが高齢者のリハビリテーションの目標といってよいでしょう。
　在宅生活とは「家庭生活」であり、同時に「地域生活」です。家庭生活には衣・食・住の他に経済・健康それに家族関係があります。要介護高齢者の場合には家族の介護負担と介護に伴うストレスなど、解決すべき問題が多く存在します。個々の利用者と家族の家庭生活上の問題を発見し、必要な援助やサービスへと橋渡しするキーパーソンをケアマネジャーといい、この援助システムを「ケアマネジメント」といいます。したがって在宅生活におけるリハビリテーション・マネジメントとは、大枠としてはケアマネジメントのことと考えてよいでしょう。

①自立支援型ケアマネジメント
　2012（平成24）年度の介護報酬改定のうち居宅介護支援（ケアマネジメント）の中に、初めて「自立支援型ケアマネジメント」という言葉が登場しました。この言葉の意味するところは、「要介護高齢者本人

の自立性回復を目指し、それによって家族の介護負担を減らし、独居の場合には自力で行う生活行為を拡げ、結果的に社会的援助のより少ない自立的な家庭生活を送ることを目指したケアマネジメント」ということです。

自立支援型ケアマネジメントの中心には、要介護高齢者本人の身体的自立を置かれなければならないことは明らかです。具体的には、その人のADLやIADLの自立性を高めるにはどのようなサービスやケア内容とすべきかが検討されなければなりません。在宅（居宅）におけるリハビリテーション・マネジメントとは、利用者の自立を図り、家族の介護負担やストレスを軽減することを意味しており、自立支援型ケアマネジメントを実践することに他なりません。

（2）施設、特に中間施設の役割

施設のうち、特別養護老人ホームや有料老人ホームなど、終生をそこで生活する高齢者が多い施設では、リハビリテーション・マネジメントの中心となるのは、各利用者の身体的自立を図り、それによるQOLの向上や自分らしく過ごすことです。

これに対して、介護老人保健施設のような在宅復帰のための中間施設（病院や他施設と家庭の中間という意味）では、利用者本人の身体的自立への働きかけとともに、相談員（ソーシャルワーカー）が家族へのアプローチを行い、要介護高齢者の家庭への受け入れを図っていく必要があります。

2 身体的自立のための
リハビリテーション・マネジメントの基本事項

（1）身体能力の低下をもたらす要因

身体的自立を図るために、ここではまず物理的能力に目を向けて要介護状態をつくり出した原因から考えてみましょう。わかりやすくい

えば、認知症のない例について、身体介護が必要となった原因のことです。

考えやすいように「トイレに行って排泄する」という例で考えてみましょう。この行為は、「トイレに行く」という能力と、着衣の上げ下げ、お尻を拭く、水を流すなど、いわゆる「トイレ内動作」という能力から成り立っていることがわかります。「トイレに行く」という行為には、"歩行（移動）機能"と"トイレまで行きつく体力"が必要であることがわかります。「トイレ内動作」には、座り続けたり立ったりしゃがんだりする"体力"と、着衣の操作などの"（主に上肢・手の）機能"が必要であることがわかります。そして、どちらかといえば歩行には体力が、トイレ内動作には（上肢・手の）機能の影響が大きいことがわかります。つまり、「身体能力」という言葉には必ず、「体力」と「機能」が関係していることを示しています。

> ＊身体能力の自立を図るには、個々のADLやIADLを遂行する「体力」と「機能」の改善を図らなければならない。
> ＊（身体的）要介護とは、ADLやIADLにおける「体力」または「機能」（もしくは両方）の低下した状態をいう。
> ＊「体力」は身体能力の基盤をつくり、「機能」はその上に乗って実践に結びつく。

①体力低下をもたらす原因

老化そのものが体力低下の大きな原因であることはいうまでもありません。ここでは老化以外の原因を見てみましょう。

低活動……運動不足とも呼ばれる。

低栄養……低栄養は活動エネルギーの低下を招き、著しい体力低下をもたらす。低栄養には「食事」の問題の他に消化吸収を行う消化器機能が問題で、特に高齢者に多い便秘は低栄養の原因の1つとなっている可能性がある。

水分………体重の50％（高齢者）を占める水分は生命と活動の元とな

る細胞の活動性を支配する重要な物質で、脱水症(水分欠乏)による身体能力低下はよく経験される。

②機能低下をもたらす原因

　ここでいう機能とは、上肢・下肢・体幹・口腔の４つと考えておくとよいでしょう。それぞれについて、神経筋協調性、関節運動性、筋力の３つが関与します。

神経筋協調性……脳の運動制御システムから末端の筋肉までが協調して動くこと。長期に使わない機能は拙劣になる、ということの協調性に関係している。

関節運動性………いわゆる関節拘縮のことで、"膝の拘縮のために立てない"というのが典型的な例。

筋力………………よく知られている概念で、関節拘縮と並んで廃用症候群の代表として挙げられる。しかし、ADLやIADLにはそれほど大きな筋力を必要としないという事実を知っておくことが重要。

　以上を整理したものが、**図表1-2**です。

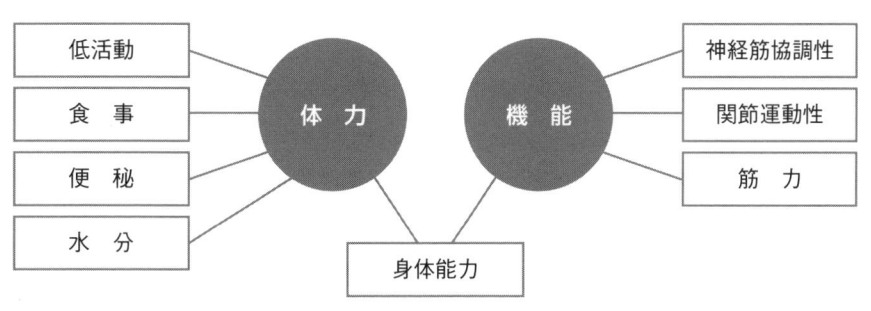

図表1-2●身体能力にかかわる要素

低活動　食事　便秘　水分　→　体力
神経筋協調性　関節運動性　筋力　→　機能
体力・機能　→　身体能力

著者作成

(2) 高齢者ケアおよび基本ケアと個別ケア

　高齢者の身体能力は老化によって徐々に低下していくという特徴があります。ADLやIADLの自立を目指すリハビリテーション・マネジメントにとっては、「身体能力を低下させないケア」という視点が大切で、この視点を前提に、さらに「身体能力を向上させて自立を目

指す」ことが大切です。

　代表的な例として、転倒予防のため車椅子生活を送るケースが介護施設でよく見られますが、これは同時に膝の拘縮、体幹下肢機能の低下、体力低下を招く弊害があります。**図表1-2**に挙げた各要素への配慮とケアの実践は、まさに身体能力低下の予防と自立の２つの側面にかかわるものと理解しておきましょう。

　ADLやIADLの遂行には「体力」が基盤となることから、著者は**図表1-2**の体力にかかわる４つの要素のケアを「基本ケア」と呼び、これを基盤としている歩行や排泄、食事といった個々のADLやIADLに固有のケアを「個別ケア」と呼ぶようにしています。これを表したのが**図表1-3**です。先に挙げた「トイレに行って排泄する」という例は、体力とともに着衣操作、お尻を拭くなどの固有の動作を伴いますから、それらを含めて最終的にADL、IADLの自立を達成する個別ケアが必要です。さらに個別ケアの中では、歩行（移動）が重要な位置にあることがわかります。

　私たちのADL、IADLは空間的広がりの中で遂行されています。したがってそれらの自立を図ろうとするときには、ADL、IADLの空間を移動できる能力（歩行あるいは車椅子で）が必要です。基本ケアと個別ケア、個別ケアにおける歩行（移動）の位置、ということを考えると、**図表1-3**のような関係が描かれることになります。

図表1-3●基本ケアと個別ケア

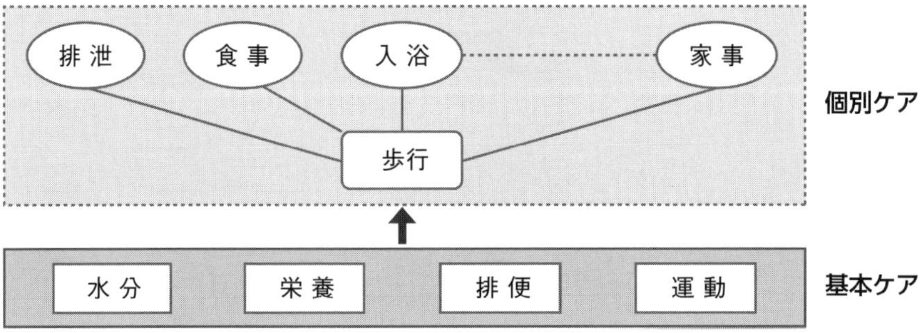

```
 ┌─────────────────────────────────────┐
 │ ( 排泄 )  ( 食事 )  ( 入浴 )  ( 家事 ) │
 │     \       |       /         /      │  個別ケア
 │       \     |     /         /        │
 │         [ 歩行 ]                     │
 └─────────────▲───────────────────────┘
               │
 ┌─────────────┴───────────────────────┐
 │ [水分] [栄養] [排便] [運動]          │  基本ケア
 └─────────────────────────────────────┘
```

自立支援のケアはこのように２階建てとなる。

著者作成

3 多職種協働によるチームケア

　リハビリテーション・マネジメントが行われる介護保険施設には、ふつうリハビリテーションスタッフと呼ばれる理学療法士（PT）、作業療法士（OT）、言語聴覚士（ST）の他にも介護職、看護職、歯科衛生士、医師、歯科医師など、多数の職種が存在します。私たちは「利用者の自立に向けて」これらの専門職の提供するケアやサービスをマネジメントしていかねばなりません。

（1）中心に立つ介護職

　入所施設を例に考えると容易に想像できることですが、利用者のADLその他の日常行為に立ち合い、必要な援助を行っているのは介護職です。そればかりでなく「基本ケア」である水分や食事摂取などの行為場面に関与しているのは、介護職のみといっても過言ではありません。

　「施設の質は介護の質で決まる」といわれるように、まずは介護職が「自立支援型介護」を実践しようとしているかどうかが、リハビリテーションの核となることを忘れてはなりません。例えば"おむつ交換"に終始する介護か、自立を目指す"おむつ外し"介護かで、自立性回復は結果的に大きく異なってくることは明らかです。

　したがって、介護保険でのリハビリテーション・マネジメントは、まず介護職に「自立支援介護」の実践を促し実行してもらうことが必要です。しかし残念なことに、現在の介護教育（特に高齢者介護）の中で、自立支援介護の教育が十分に行われているとはいいがたく、現任者の研修においても同じような状況にあると見なければなりません。

　したがって実際の介護場面では、個々の利用者について、主に理学療法士（PT）や作業療法士（OT）が「自立」のための介護の考え方と実践について指導していく必要があります。ただし注意すべきことは、自立支援の中心的役割を担っているのはあくまでも介護職であるとい

う認識を、すべての専門職が共有する必要があるということです。わかりやすくいえば、介護職は理学療法士等の指示を実行する「補助者」であってはならないのです。介護職自身がこのような役割意識をもつことは、必然的に利用者に対する責任感をもたらすことにつながります。

　日常生活での介護場面では、実にさまざまなことが起こり、それを見過ごしたり放置していると、大きな事故に結びつくことも少なくありません。こうした徴候を最初に発見することが多いのは介護職です。その発見を他の専門職に伝えて専門的助言や直接の介入が行われるかどうかによって、結果が大きく変わります。このような実践場面での事態にとって、介護職が利用者との関係で中心的役割をもっているという責任感を伴う自覚があるか、あるいは単に他の職種の補助者と考えているかで大きな差が生じます。理学療法士（PT）、作業療法士（OT）、言語聴覚士（ST）、それに看護師などの専門職は、中心的役割を担う介護職の「専門的サポーター」と心得ておくとよいでしょう（**図表1-4**）。

図表1-4●介護職を中心としたケアチーム

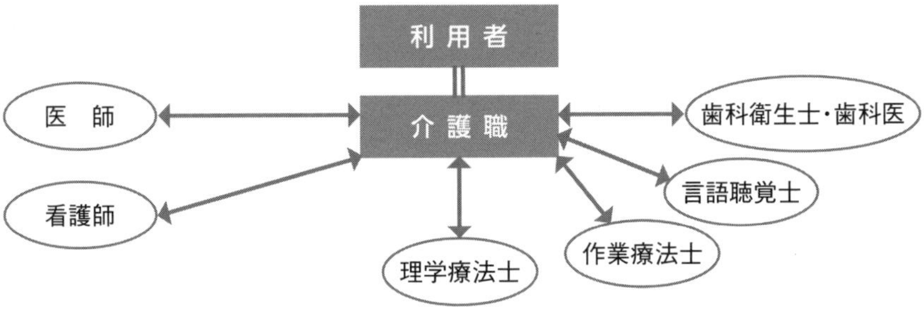

利用者
＝
介護職

医師　看護師　理学療法士　作業療法士　言語聴覚士　歯科衛生士・歯科医

介護施設におけるリハビリテーション・マネジメントは
介護職を中心とするケアチームをつくり上げることから始まる。

著者作成

　介護施設におけるリハビリテーション・マネジメントは、このような構造をもったケアチームをつくることから始める必要があるということです。

（2）介護計画と介護過程

　利用者の日常生活に直接かかわる介護職が、「自立支援型介護」をどのように計画・実施するかによって、結果が大いに異なることは明らかです。

　介護施設では、これまでの介護の歴史から、おむつ交換、食事介助、入浴介助のいわゆる「三大介護」が主とされているため自立支援型介護が行われにくいという実態があります。実際、排泄の自立を目指す介護（おむつ外し）を行うには、人間の排泄の生理学に関する基礎知識と理論化された介護に加え、おむつ交換とはまったく異なる介護技術が求められます。排泄の自立を目指す介護には、新しい観点と知識技術から成る介護計画が必要となります。

　老人保健施設等でのリハビリテーション・マネジメントのためのケア記録における一般的な書式は、利用者の現在の状態と目標、目標に到達するまでの期間が書かれ、その記入者は主として理学療法士（PT）や作業療法士（OT）ですが、もっとも大切なのは「介護計画」であることを認識しておかなければなりません。なぜなら「目標」を達成できるかどうかは、介護計画の内容とその実践によって決まるからです。

　例えば歩行を例に挙げると、ほとんどの場合、歩行能力の向上は理学療法士（PT）の歩行訓練によるものではなく、介護職がADL場面でどれほど「歩く」という動作を取り入れるかにかかっています。というのは、高齢者の機能・能力を低下させる多くの原因が廃用症候群であり、この克服はどれほど多く歩く動作をくり返すかにかかってくるからです。食堂への移動、レクリエーション時間のデイルームへの移動、トイレへの移動など、多くの場面で介護職がかかわります。例えば食事の移動に介護職が車椅子を使うかどうかによって、つまりどのような計画で介護するかによって、結果は変わるのです。

　したがって、介護職以外の専門職は、目標を定めるとともに、介護計画づくりを支援しなければなりません。利用者について介護計画を立てて実践していくプロセス全体を「介護過程」と呼びます。

　介護過程には次のようなプロセスが含まれますが、リハビリテー

ション・マネジメントは個々のプロセスが適正に経過しているかをチェックし介入することをも意味しています。

①アセスメント（評価）

アセスメントとは、利用者の現在の状態を情報として取り出し（現状把握）、そこから改善すべき問題点を把握して、介護を行ううえでの「課題（利用者にとって改善すべきこと、という意味でニーズとも呼びます）」を知るための作業です。

課題を知る（決める）といっても、それが本人の能力とかけ離れていたのでは単なる理想に終わってしまう危険性があります。したがって、アセスメントにはその利用者のもっている機能・能力を調べる作業が行われます。ここに理学療法士（PT）その他の専門職の意見が必要となるのです。

事例 ◆ 車椅子利用者の歩行能力改善

＜利用者の状態＞
①車椅子生活
②支えや介助があれば数秒間立つことができる
　　　　↓
＜課題＞歩行能力改善
　注）この利用者が②の機能をもたない場合、この課題はあり得ないかもしれません。

＜介護計画＞
○目標：介護計画にはまず目標が必要となります。目標には当面の2〜3週間の「短期目標」と、数カ月先の「長期目標」があります。例えば車椅子使用例については、次のような目標が考えられます。
　短期目標：1人または2人介助による歩行器歩行の獲得
　長期目標：シルバーカー歩行自立
○計画（介護計画）：短期目標、長期目標に応じて具体的な介護計画を

立てます。

(例) ①当面、昼食時から居室・食堂間を歩行器歩行(2人介助)。1〜2週後には夕食時も。様子を見て1人介助に。
②レクリエーションその他デイルームへの往復、トイレへの往復など、施設内歩行練習として毎日機会あるごとに歩行器歩行。屋内歩行合計300mに達し、比較的歩き方が安定していればシルバーカーに変更。

②介護実践経過表

　介護実践経過表とは、計画にしたがって、実際に行われた介護とそれによる変化やリスクなどの経過を記録として残すものです。きちんと記録されていれば、その日ごとの変化を知ることができると同時に、計画どおり実行されていない場合の原因の調査とその対応も容易になります(**図表1-5**)。著者らが実際に使用し、研修会等で勧めている「歩行ケア記録表」です。

　老人保健施設などではリハビリテーション・マネジメントの対象とするADL(IADL)の自立性回復は、リハビリテーション・プログラムなどと呼ばれることが多く、理学療法士等のいわゆるリハビリ専門職の仕事と思われがちですが、むしろ主役は介護職であって、介護としてのアセスメント(評価)、課題(ニーズ)の把握、介護計画(ケアプラン)立案と実践に、結びつけていかねばなりません。

　しかし、これまで介護職はおむつ交換に代表される「介助」に終始してきたため、アセスメントから実践にいたる理論的組み立てや記録に不慣れなことが多く、**図表1-5**で示したような記録形式すらほとんどの施設には存在していないのが実態です。リハビリテーション・マネジメントはこのあたりから整備していく必要があります。

図表1-5●歩行ケア記録表の書式

[歩行ケア記録]　施設No.(　　)施設名(　　　　　　)CaseNo.

氏名		年齢	歳	性別	1.男 2.女	介護度		麻痺	□なし □パーキン	□脳卒中 □その他
関節拘縮			□膝(　左　・　右　)　度　□尖足(　左　・　右　)　□その他							
移動・歩行		屋内	(□自立　□見守　□歩行器　□介助)歩行　□歩行車椅子併用　□全車椅子							
		屋外	(□自立　□見守　□SC　□介助)歩行　□全車椅子							

		ケアプラン	/	/	/	/	/	/	/	/	/	/	/
起床	時間帯、歩く範囲 距離m、補助具 介助者数を記載												
朝食													
昼食													
夕食													
就寝													
合計	歩行回数　　回												
	歩行距離　　m												
担当者サイン													
主任サイン													
備考													

著者作成

確認問題

問題 1
リハビリテーションの各世代別課題を述べなさい。

	課　題
障害児	
障害者	
高齢者	

問題 2
老化以外で
要介護高齢者の体力低下をもたらす原因を3つ、
機能低下をもたらす原因を3つ述べなさい。

体力低下の原因	内　容

機能低下の原因	内　容

確認問題

解答1

	課題
障害児	身体的自立・心理的自立・社会的自立
障害者	社会的自立
高齢者	身体的自立

解説1

出題の意図：WHO（世界保健機関）の"健康とは"の定義から、障害をもつ人々の世代ごとにリハビリテーションの基本的課題があることを理解するための問題です。

リハビリテーションの対象となる「障害をもつ人々」には大きく分けて、3つの世代があります。障害児は身体的・心理的・社会的の3つの側面すべてにおける自立が課題となり、これを「発達」と呼んでいます。障害者は、職業的技能（就労）などの社会的自立が最重要課題となります。高齢者は、要介護になることが介護問題を生むため、身体的自立が最重要課題となります。

解答2

体力低下の原因	内容
低活動	運動不足
低栄養	食事・消化器機能・便秘
水分	脱水症
機能低下の原因	内容
神経筋協調性	脳の運動制御システムから末端の筋肉までが協調して動く
関節運動性	関節拘縮
筋力	廃用症候群

解説2

出題の意図：身体能力の自立を図るには、個々のADLやIADLを遂行する「体力」と「機能」が関係していることを理解するための問題です。

体力低下をもたらす原因は老化そのものが大きな原因であることはいうまでもありません。老化以外の原因である身体能力について考えてみましょう。「食堂で食事をする」という例で考えてみると、この行為は「食堂へ行く」能力と、箸をもち、食事を口まで運ぶという「食事動作」から成り立っています。それぞれに「機能と体力」が関わっています。

第2章
自立支援介護の理論と実践

1 基本ケア

2 高齢者ケアの4つの基本ケア①　水分

3 高齢者ケアの4つの基本ケア②　食事

4 高齢者ケアの4つの基本ケア③　生理的排便

5 高齢者ケアの4つの基本ケア④　運動

6 排泄（おむつ外し）と歩行

7 認知症の改善

1 基本ケア

1 高齢者のADLの要素

　人は身体・精神・社会の統合体です。身体とは、麻痺等の固定した機能（感覚障害、運動障害、失認、失行等）の他に、脱水を含む急性の病気を示しています。精神とは、いわゆる活動意欲と呼ばれるもので役割の喪失やそれに伴う社会や家族関係の変化からくる心理的な変化等さまざまなものが関与しています。社会とは、孤独・孤立が生じないような人的環境（仲間、友人、同室者）や、物理的環境（住環境、家屋構造）が関与しています。これらが統合された中で人は生かされているのです。

　高齢者も同じです。杉本の高齢者研究では、ADLの自立はQOL向上と有意に相関があると報告されています（日常生活動作が自立されている人ほど生活の質が高い）。それは、身体の自立は精神・社会の自立とも大きくかかわっているということです。

　ですから、高齢者の介護というのは身体的自立を図り、高齢者の選択権を増やし、主体性をもたせていくことであるといえます。

　介護職は、生活の中でADL・IADLに直接かかわる唯一の職種です。その生活の中から、高齢者の現状をつくり出している「原因」を追究し（アセスメント）、どのようにケアすればよりよい状態にできるかを考えることが専門職として求められています。高齢者のADL（IADL）の構成要素は、**図表2-1**のように成り立っています。

　体力は、活動するための源泉であり、生活の中で必要不可欠です。体力が低下すれば活動範囲が狭まり、ADLもIADLも低下していき

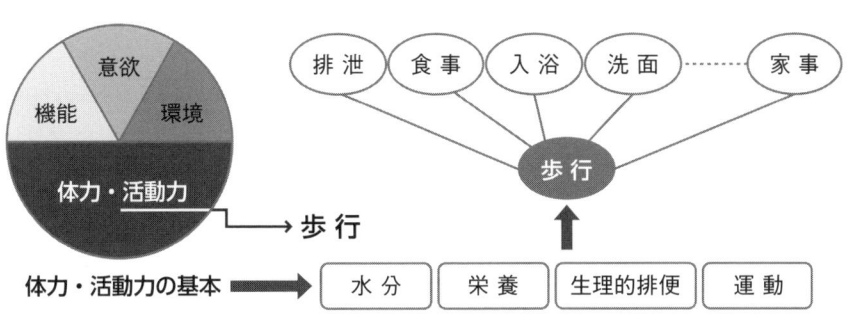

図表 2-1 ● 高齢者のADLの構成要素

出所：竹内孝仁「介護力向上講習会② 歩行と排泄」加筆

ます。その原因は閉じこもりの生活や、生活全般で寝たり起きたりしていること（寝たきり）です。

機能は、麻痺等の身体的機能のことです。脳卒中やリウマチはもちろんのこと、さまざまな病気が含まれます。風邪をひいたりすると体力のない高齢者は介助が必要となり、ADLレベルが低下することがあります。また、急性の病気によるものでもっとも多いのは脱水です。

意欲は、「何もする気になれない」などの意欲低下です。実際には自分でできるはずなのに意欲が低下しているため介助に依存してしまい、ADLレベルをどんどん低下させてしまうことがあります。意欲を失わせるような生活の原因を追究する必要があります。人は役割をもたず、孤独・孤立していると意欲を失うものです。

環境には、物理的環境と人的環境があります。手すりがないために歩行ができないなどの物理的環境がADLを妨げていることもあります。また、介護者の接し方や態度などが影響していることもあります。これら高齢者を取り巻く環境が、閉じこもりや寝たきりの原因となっていることもあるのです。

そして私たちの活動の多くに、歩行が大きくかかわっています。歩行（歩く）という身体的活動が行われるためには、「水分」「食事」「生理的排便」「運動」の4つが必要です。これらは体力・活動力の基本となるものです。例えば食事をするために食堂へ向かうにしても、介護職は部屋へ迎えに行き食堂まで来てもらうように支援します。そして食

事を食べてもらう(介助する)までが食事の援助です。その他のADLの実施においても同様です。歩行はすべてのADL、IADLの基本要件なのです。

2 高齢者ケアの4つの基本ケア① 水分

　高齢者ケアにとって「水」は重要な要素の1つです。人間を含むあらゆる生物は水なしには生きられません。

　人の身体の中の水分量は、成人では体重の60％（40％：細胞内、20％：細胞外）です。高齢者については体重の50％（30％：細胞内、20％：細胞外）となります。このうち細胞内水分は年齢とともに低下するといわれています。

　水は、人の身体の中でさまざまなシステムをもって循環しています。食事、飲水、各消化液の分泌を含めると約9ℓの水分を腸で再吸収しています。

図表2-2●消化液と再吸収

約9ℓ		
食事・飲水		2.5ℓ
	だ液	1ℓ
	胃液	2ℓ
	膵液	1ℓ
	胆汁	0.5ℓ
	小腸液	2ℓ

再吸収水分量	
空腸から	3〜5ℓ
回腸から	2〜4ℓ
大腸から	1〜2ℓ

糞便の水分 0.1〜0.3ℓ

出所：竹内孝仁

　人間が1日に体外に排出する水分は、2200〜2500mlといわれていて、1番多いのは尿です。腎臓には1分あたり1ℓ前後の血液が流れ込んでいます。そして、糸球体で血液内の有形成分とタンパク質を濾過し、大量の原尿がつくられます。原尿は尿細管・集合管で物質の分泌・再吸収・水の再吸収が行われ、最終的に1500mlの尿となります。

図表2-3 ●腎血流量・原尿・尿の関係

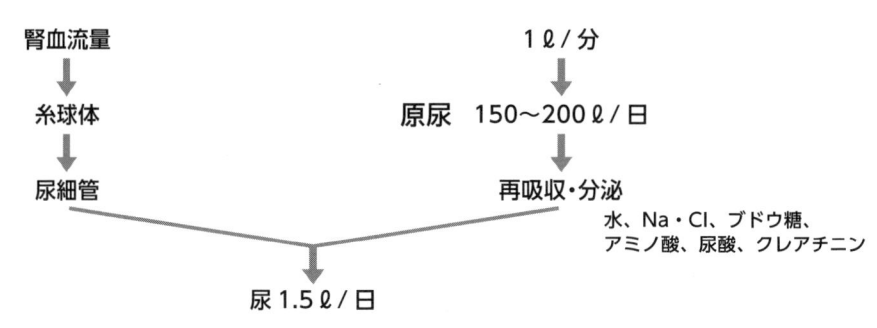

```
腎血流量                    1ℓ/分
  ↓                         ↓
糸球体              原尿　150～200ℓ/日
  ↓                         ↓
尿細管               再吸収・分泌
                    水、Na・Cl、ブドウ糖、
                    アミノ酸、尿酸、クレアチニン
         ↓
     尿 1.5ℓ/日
```

出所：竹内孝仁ら「おむつを外し尿失禁を改善する」加筆

　2番目に多いのが、皮膚から出される汗や、肺での呼吸に含まれる水分（不感蒸泄）で700～1000mlです。

　3番目に多いのが再吸収されない消化液で、便とともに200～300ml排出されます。人が生きていくためには、これら排出された水分と同量の水を補給しなければなりません。飲水として1500ml、食事（固形物）の中に含まれる水分として700～1000ml、ブドウ糖がエネルギーに変わるときの自然発生熱（燃焼水）のための200～300mlです。これは、環境設定を28℃とし、デスクワーク程度の運動量と仮定した水分の出入りです。温度が高くなり運動量が増えれば、排出される水分量が増えるため、補給する量も増やさなければなりません。

1　脱水（水分欠乏）

　水分が排出されているのに補給しないと、脱水を起こします。水分欠乏状態です。高齢者の場合、仮に体重が50kgであれば体内の総水分量は25ℓとなります。人は、体内総水分量25ℓの1～2％（250～500ml）が不足すると意識障害を起こします。さらに2～3％（500～750ml）不足すると発熱・循環機能に影響を及ぼします。5％（1250ml）不足すると運動機能が低下（耐久力低下）し、歩くのもフ

ラフラする状態となります。水分が欠乏するほど身体に悪影響を及ぼし、10％（2500ml）不足すると死に至ります。脱水が疑われたときにチェックすべき項目として、①腋下の乾き、②1日の水分摂取量の確認、③検温、④皮膚の乾燥状態の確認が挙げられます。このチェックにより脱水状態をつくらないことが重要です。

図表2-4●水分欠乏

1～2%	意識障害
2～3%	発熱・循環機能に影響
5%	運動機能（特に耐久力）低下
7%	幻覚の出現
10%	死亡

出所：竹内孝仁「介護力向上講習会① 水」

2 高齢者ケアは「水」で始まり「水」で終わる

高齢者ケアでは、水分をきちんととることがもっとも重要です。水は細胞を活性化させ、身体と意識の両面を活性化させます。細胞の活性化は、意識の覚醒と身体活動の活性につながり、尿便意を抑制させ、コミュニケーションを良好にします。意識が覚醒することで歩行もできるようになり、転倒・骨折の減少につながります。水が体内に行き

図表2-5●水と身体・意識

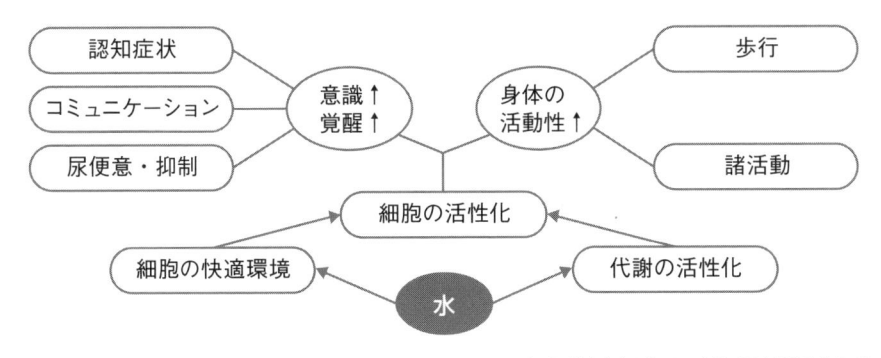

認知症状／コミュニケーション／尿便意・抑制 → 意識↑覚醒↑
歩行／諸活動 ← 身体の活動性↑
意識↑覚醒↑ ← 細胞の活性化 → 身体の活動性↑
細胞の快適環境 ← 水 → 代謝の活性化
細胞の快適環境・代謝の活性化 → 細胞の活性化

出所：竹内孝仁ら「おむつを外し尿失禁を改善する」

わたることは、高齢者のADLを向上させるために重要な要素なのです。

また、水分をきちんと摂取することで夜間の不穏や不眠がなくなり、良眠できるようになります。それは、夜間の排尿を減らすことにも通じることです。

3 慢性心不全と水分ケア

体内の水の出入りを見ると、高齢者に対する水分補給は1日の水分量1500mlを目安に行うことが望ましいのですが、医療機関で慢性心不全の診察を受けたことがある利用者に対して、やみくもに水分制限を強行している傾向が強いようです。本来、塩分制限に重点を置くべきところ、水分制限に力を入れすぎて水分欠乏状態をつくり、その弊害が大きくなっている実態があります。

介護施設に入所している利用者の特徴として、「医療機関で(慢性)心不全の診断を受けたことがあるが、現在は症状があるわけではなく、

図表2-6●慢性心不全における重症度分類

NYHA（ニューヨーク心臓協会）心機能分類			
Ⅰ度	心疾患を有するが、身体活動に制限なく、通常の身体生活では疲労・動悸・呼吸困難・狭心痛を生じない。	軽症	水分制限不要という意見でほぼ一致している。
Ⅱ度	心疾患のため、軽度の身体的活動制限を伴うが、安静時には症状は認めない。通常の身体活動で、疲労・動悸・呼吸困難・狭心痛を生じる。	中等症	
Ⅲ度	心疾患のため、身体活動の著しい制限をきたし、安静時には症状は認めない。通常以下の身体活動で、疲労・動悸・呼吸困難・狭心痛を生じる。		
Ⅳ度	心疾患のため、いかなる身体活動を行う場合にも苦痛を伴い、安静時にも心不全あるいは狭心症状を示す可動性がある。少しでも身体活動を行うと苦痛が増加する。	重症	

著者作成

ニューヨーク心臓協会（NYHA）心機能分類の『軽度』に分類されるものと見てよい」という状態の高齢者が多いことが挙げられます。

そういった状態の高齢者は、リスク管理を適切に行うことで水分制限による弊害を防ぐことができます。まずは慢性心不全の症状が活動時（歩行時）の疲労、動悸、息切れ、狭心痛の他、むくみ、食欲不振を観察することが必要です。要介護で低体力者の場合、疲労はよく見られるため、動悸、息切れ、また特に狭心痛に注意が必要です。

リスク管理としては、上記症状の出現・悪化を観察し、体重の変化を毎日時間を決めて測定することが必要です。水分1ℓで体重は1kg増加します。1日2kgまたは1週間で2kg増加しないように注意が必要です。また、下肢のむくみは足が常に下にあり原因がわかりにくいため、身体全体のむくみや体重の増加に気をつけるのが基本です。

3 高齢者ケアの4つの基本ケア② 食事

　食事には文化、栄養、摂食という食の3要素があります。日本人の食文化には地域性、季節、歴史が影響しています。節目にいただく食や季節感あふれる食は、味わいを豊かにします。また、健康に生活するうえで欠かせない活動のエネルギーを食事という形で補います。しかし、いくら栄養があっておいしい食事でも、口腔機能が正常に機能せず食事を自分自身で食べることができなければ、意味がありません。

図表2-7●食事ケアの3要素

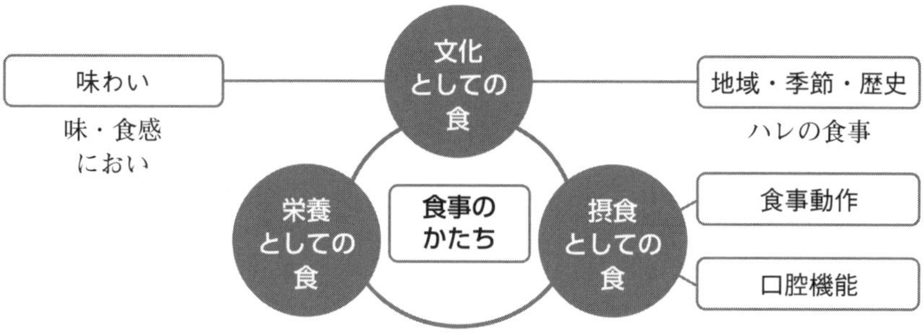

味わい　味・食感　におい

文化としての食　　地域・季節・歴史　ハレの食事

栄養としての食　食事のかたち　摂食としての食　　食事動作　口腔機能

出所：JS月刊老施協、vol.477

　加藤の日常生活における関心事「施設で楽しいこと」の調査においては、特別養護老人ホーム入居者（773名）の44.8％、また老人保健施設入居者（1,324名）の44.8％が食事であると報告されています。これはいずれも第1位であり、いかに入所者が食事を楽しみにしているかが伺えます。高齢者の摂食にかかわる広域の口腔機能は、さまざまな原因で障害されます。むし歯や歯肉炎による歯痛や歯の動揺性、義歯の不適合、さらに嚥下に関する神経機能の異常が見られます。これらの疾患に対しては、専門家の治療を要することはいうまでもありません。

1 咀嚼嚥下の基礎知識

　咀嚼嚥下とは、食物を噛み砕き、唾液と混ぜ合わせ小食塊に分割し、喉へ送り、飲み下すことです。その間、舌は唾液の汲み上げを行い、スプーン状にした舌を動かしながら食物を食道に送り込んでいます。歯は、食物を噛み砕くと同時に、粉砕された食物がこぼれ落ちないよう壁の役割をしています。この間、一貫して咬合運動が続き、舌の運動を誘導しています。咀嚼嚥下は、精密なコントロールされた運動なのです。

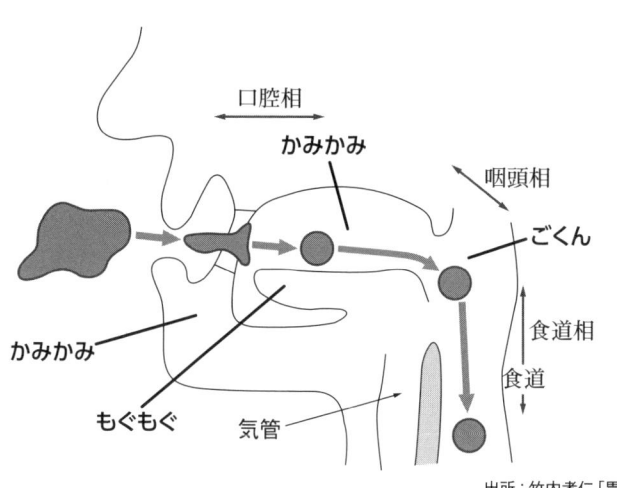

図表2-8●咀嚼と嚥下

口腔相
かみかみ
咽頭相
ごくん
かみかみ
食道相
食道
もぐもぐ
気管

出所：竹内孝仁「胃ろうよさようなら」

2 食形態

　介護の現場では、むせが多い、飲み込み不良という理由で食形態を常食から刻み、ミキサー食へと形態変更されることが多いようです。食形態を下げるということは、より軟らかな食事への変更であり、噛まない食事への移行です。噛まないことは、口を開けること（開口度）や舌を動かすこと（舌突出度）を低下させます。そうなると口腔機能

はますます低下し、廃用症候群となります。

また、食形態が常食から軟らかい食事へ変わると1日の栄養摂取量の低下を招くことにもなります。1日1500kcalを目安に、いかに常食を食べて人生を楽しく生きられるような生活支援ができるかが、介護職の専門性を発揮するポイントでもあります。

3 食事の自立（4大ケア）

食事の自立には、「常食」「水分」「姿勢」「自力で食べる」の4つの視点が必要です。食事を楽しみの1つとするには、食形態は常食が1番です。常食はもっともむせにくい食形態であり、栄養的にも他の食形態より優れていて食物繊維が多く含まれています。そして何より、毎日常食を食べることによって咬合運動（噛む）がくり返され、口腔機能を維持できます。

食事を自力で食べるには、覚醒水準をしっかり上げておく必要があります。そのためには、まず水分を1日1500ml以上摂取することです。また、食事のときの姿勢は食事を安全かつ円滑に行うために非常に大切です。足を床につけ背中をまっすぐに伸ばして、顔は上向きにならないようにします。足を床につけることは、咀嚼力に影響します。また、背中が曲がった状態では胃が圧迫されて食事が十分入らず、胃液が逆流を起こします。車椅子の人も、食事は椅子を使用するのがよいでしょう。

なお、自分の手で食事の品を選びながら食べることは、本人の主体的行為そのものであり主体者意識を保つ行為です。それに対して介助をすることは、本人の主体者意識に大きな影響を与えます。介助は依存者をつくってしまう可能性があるため注意が必要です。

4 高齢者ケアの4つの基本ケア③ 生理的排便

1 中枢のコントロール

　排泄ケアにおいては、介護職も排泄のメカニズム（排泄の神経学）を知っておくことが大切です。

　まず、中枢（脳）のコントロールが排泄に作用しています。では、中枢（脳）のコントロールは、どのように行われているのでしょうか。排泄にかかわってくるもっとも大切な部位は前頭葉であり、2番目が脳幹です。両耳を結んだ中央部にある脳幹には、排泄中枢があります。そして3番目に重要なのが脊髄の末端にある仙髄です。脊髄を損傷すると尿失禁になるのは、仙髄と脳の連絡が断たれてしまうからです。

　これらの中でも重要な役割をもつのが前頭葉です。直腸内に便がたまって直腸内の内圧が上昇すると神経を介して前頭葉に伝えられ、便意として感じるようになります。人間は、便意を脳で感じているのです。そこで前頭葉は、排泄の状況判断をしています。

　排泄してよい場所なのかを認知（判断）し、トイレに行きつくまでの間、排泄を我慢（抑制）します。トイレに着いた後、下着を脱ぐという排泄の準備を指令します。つまり、前頭葉は排泄が可能であるかの状況判断と準備行動を行っている間、排泄を我慢する重要な機能を担っているのです。

　肛門には、自分の意志ではコントロールできない内肛門括約筋と、自分の意志でコントロールできる外肛門括約筋があります。肛門は通常、2つの括約筋が収縮しているためぴったりと閉じており、便が漏れることはありません。この筋肉に指令を出しているのが脳幹の排泄

中枢です。排泄中枢は、この肛門を二重に取り囲んでいる筋肉に、一方を締めれば一方を緩めるという相反する動きを指令しています。

図表2-9 ●排便のコントロール

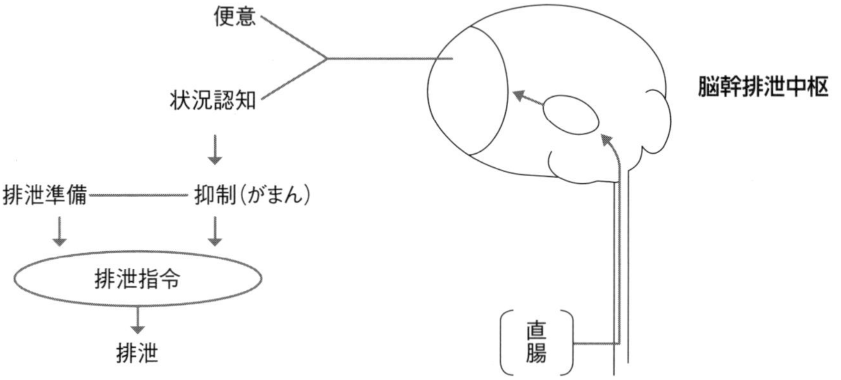

便意 → 脳幹排泄中枢
状況認知 ↓
排泄準備 ── 抑制（がまん）
↓　　　　　↓
　排泄指令
　　↓
　　排泄

直腸 → 脳幹排泄中枢

出所：竹内孝仁「介護力向上講習会② 歩行と排泄」

　排尿も同様です。尿は腎臓で常に少しずつつくられており、成人の平均で1分間に1mlといわれています。ただし、水分摂取量によって差が見られます。

　膀胱容量は個人差が著しいため範囲を示すことは難しいのですが、一般的な成人で250～600ml程度、膀胱の容量が大きい人、また最大限我慢すると1000～1200ml程度の尿をためることができるといわれています。

　膀胱にためられた尿が250～600ml程度になると、膀胱が膨らんだという情報が脳幹にある排泄中枢に送られます（排尿反射）。すると「トイレに行きたい」という尿意が起こり、同時に尿を出そうとして膀胱が収縮します。排尿も排便と同様に、排尿をコントロールしている括約筋があります。内尿道括約筋（膀胱括約筋）と外尿道括約筋（尿道括約筋）です。膀胱の収縮と内尿道括約筋の弛緩は意思でコントロールできませんが、意思でコントロールできる外尿道括約筋がトイレに行くまでの間、括約筋を締めて尿意を我慢させています。トイレで準備が整うと、膀胱の筋肉を縮めて膀胱出口の括約筋を開け、という排泄中枢の指令により、尿道へと尿が流れ込み排尿することになります。この全過程が中枢のコントロールです。

2 覚醒水準

周囲の状況認知、準備行動、排泄指令という前頭葉の機能の中で、状況認知と我慢（抑制）の基盤は覚醒水準によって支えられています。例えば、子どもが寝ぼけてお漏らしをすることがあります。これは寝ぼけているために状況認知を間違え、「おしっこがしたくてトイレに行ったつもりが、布団の中だった」ということです。しっかり目が覚めていないと状況認知も抑制もうまくできないのです。

3 便の移動と排便反射

快適な排便のためには、大腸の中でよい便がつくられ肛門まで輸送されなければなりません。便の移動には大腸運動が欠かせませんが、その大腸運動は次の3つの反射により誘発されます。

1つめは「起立大腸反射」です。寝ている状態から立つと、腸は反射的に運動を開始します。通常寝ているときは反射が起こらないため便は出ません。2つめは「胃大腸反射」です。胃に水分や食物が入ることにより起こる大腸の運動反射です。朝食後に排便をする習慣があ

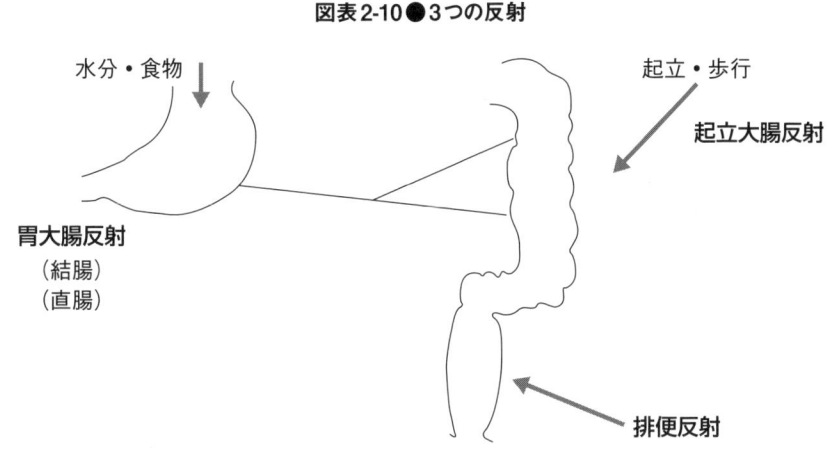

図表2-10 ● 3つの反射

水分・食物
起立・歩行
起立大腸反射
胃大腸反射
（結腸）
（直腸）
排便反射

出所：竹内孝仁「介護力向上講習会② 歩行と排便」

る人は、この反射を利用しています。3つめが「直腸肛門反射」です。これはS状結腸に保管されていた便が押し出されることにより直腸に便がたまって内圧が高まり、肛門の括約筋が緩んで便が出やすくなる反射です。

　人は直腸に便がたまると便意を感じ、トイレに入ります。そのときには直腸肛門反射が始まっているので、座位を保ち腹圧をかけることによりスムーズに排泄が行えます。しかし覚醒水準が低い状態では、直腸の感受性がなく便意がわからず、失禁してしまいます。

4 座位・腹圧

　人が快適に排便をするためには「腹圧」「重力」が非常に重要な要件となります。これらの力が効果的に働くために必要な条件が「姿勢」(座位姿勢)です。

　私たちは排便時にトイレに行き、便座に深く腰かけ姿勢は少し前かがみになって安定した姿勢で排便をします。これはもっとも緊張が少ないリラックスした姿勢であり、肛門の直腸角が大きく開き、排便をスムーズに出しやすい体勢です。この姿勢では肝臓など腹部の上部にある臓器が下がってきて、腹圧が上がります。この腹圧を逃さないために息を止めていきむのです。この「いきみ(息み)」作業が、直腸にある便を上から絞り出すような作用で押し出します。さらに重力の影響も加味され、より強い力で便が押し出されます。

　ところが、寝たきりの仰臥位(ぎょうがい)でいると、腹部の臓器が胸のほうに上がってしまいます。そのため腹圧が生じないことがあります。また、直腸内の便は横方向に移動しなければならず、いきみを加えたとしてもいきみの方向と肛門管の軸がずれてしまい、肛門を乗り越えるようにして排泄されなければならないことになります。

　仰臥位による不利な状況に抵抗して腹圧を上げるためには、腹部を力いっぱい力ませなければなりません。しかし、多くの高齢者は自分

の筋力だけで便を押し出すのは不可能です。このことを考えると、座位での排便がいかに生理的・合理的かがわかります。

5 高齢者の便秘

(1) 便秘の定義

便秘とは、排便が順調に行われない(3日間排便がない)状態で、不快な症状があり、日常生活に支障がある場合を指します。ただしこれは一般的な定義で、腸の機能の衰えている高齢者については、本人の様子に変化がなければ1週間(7日)くらいまでの便秘は治療の対象(下剤の対象)にならないという消化器病の専門医もいます。

竹内は要介護高齢者における経験から、本人の様子に変化がなければ5日目までは経過を見て、6日目に下剤を用いるとよいと提案し、日常的には生理的排便を得るケアを行うことが大切と述べています。

(2) 高齢者に多い便秘

便秘は、その原因により機能性便秘と器質性便秘に分けられ、機能性便秘はさらに弛緩性便秘、痙攣性便秘、直腸性便秘に分類されます。高齢者で一般的に見られる便秘は弛緩性便秘と直腸性便秘です。

①弛緩性便秘

虚弱・要介護高齢者は、腸管が弛緩して排出機能が低下し、便秘となります。大腸の緊張低下・ぜん動の低下により腸内の食物の通過が遅れ、その間に便に含まれている水分が大腸に吸収されるため、便が硬くなります。また、腹筋の衰えにより腹圧がかけにくくなります。ケアとしては、活動(歩行)を行い、水分や食物繊維の多い食物を摂ることが必要です。

高齢者は、比較的少量の水様便が1日何回か出ることがあるため、下痢と間違えられやすいことがあります。これは、直腸内の多量の便が排泄されないまま残っているため、上流より水様便が隙間をぬって

押し出されるためです。この場合、下剤の使用は禁忌であり摘便が有効です。

②直腸性(習慣性)便秘

　高齢者は、トイレに行きたいときにすぐトイレまでたどり着けない場合が多いものです。特別養護老人ホーム等で生活している場合、ケアスタッフを呼ばなくてはなりません。ナースコールを押してもすぐにケアスタッフが来ないことがあり、待たされることも多いのが現状です。だからといって度重なる便意の抑制や、便秘を理由に下剤・浣腸を乱用すると直腸の感受性は低下します。

　ケアとしては、起床時に冷水や冷乳を飲むことにより大腸や結腸のぜん動運動を促進し、多量の便を直腸に押し出して刺激と収縮の誘発を促します。また、定時の排便習慣をつくる必要があります。

5 高齢者ケアの4つの基本ケア④ 運動

1 歩行はADLの基礎

　介護におけるADL、IADLを支える機能として「歩行・移動」があることはすでに述べました。例えば、利用者に食事をとってもらうためには、部屋に行って声をかけ食堂まで移動してもらいます。自分で食事を食べられる人であっても食堂までの移動ができなければ、介護職の歩行介助が必要となります。介護は、食事介助という固有の動作だけではなく、場所の移動を含めたトータルな行動として個々のADLやIADLを捉えているのです。それぞれのADL、IADLも同様です（21ページ**図表2-1**参照）。

2 歩行の学習理論

　高齢者が歩けなくなるのは下肢筋力の低下によるものであると歩行障害の原因を筋力低下と決めつけるのは誤った考え方です。高齢者が歩けなくなるのは、歩き方を忘れたためと竹内は述べています。歩き方を思い出すためには、歩くという動作を反復して練習する必要があります。しかも練習量を増やすことが効果的です。ピアノの練習を休んでいると指が動かなくなって弾けなくなりますが、何度も練習していれば上手に弾けるようになります。これと同じことです。

　人はすべての動作を学習によって獲得し、使用しなければその動作能力は失われます。昔歩いたことがある人は、練習することで記憶回

路が形成され歩くことができるようになります。これは学習理論の原則です。

> **事例 ◆ 要介護5の高齢者の歩行能力回復**
>
> 　要介護5、ADL全介助・おむつ使用にて5年間寝たきりという男性（98歳）がいました。5カ月間基本ケア（水分・栄養・生理的排便・運動）を行いました。
> 　歩行器にて歩行訓練を続けているうちに、介助歩行でベッドから廊下を数メートル歩けるようになりました。
> 　要介護5でも歩くことができた多くの事例があります。歩行能力は再獲得できるのです。

（1）歩行ケア

　介助歩行・車椅子併用、または移乗自立・軽介助車椅子使用の人は、キャスター付U字型の歩行器を用いて歩行器歩行訓練を実施します。移乗全介助・車椅子操作全介助者で、手すりにつかまって5秒立つことができれば歩行器歩行実施が可能です。5秒つかまり立ちができない場合は立位の訓練を行いますが、長い期間は必要ではありません。歩行器歩行へ早めに切り替えることが必要です。

　なぜなら、歩くことを忘れているため、身体で思い出すことが大切だからです。立位、左右の重心、前後の重心がバラバラな訓練では、歩くということを思い出す練習にはなりません。キャスター付歩行器を選択する理由には、初期において支持性が最大であり寄りかかって前進することができる、ということが挙げられます。

　また、歩行はトイレに行くなどのADLの実用性があります。屋内で100m歩行ができれば、早めに屋外歩行へと切り替えていくことも大切です。歩行訓練を始めたら、集中して練習を行います。これをADLの移動の中に取り入れ、まずは短い距離を回数多く行っていく（学習効果）ことが歩行の上達につながります。歩行はすべてのADL

3 日中の活動を高める

　日中の活動性を高めることは、覚醒水準を上げ、夜間の熟睡につながります。高齢者には夜間の多頻尿がよく見られます。原因は何かというと、「循環機能の老化」にあります。

　循環機能が衰えると、腎臓を流れる血液量（腎血流量）が少なくなります。するとつくられる尿の量が減ります。この循環機能の衰えは、心臓（心ポンプ）や脚の筋肉（筋ポンプ）の低下にあります。心臓は血液を全身に送り込むために収縮・拡張をくり返す筋肉のポンプです。これを心ポンプといいます。また、脚の筋ポンプは心ポンプ作用同様、筋肉の緊張・弛緩のくり返しで血液を全身へ巡らせる役割をしています。

　心ポンプの力は、足先など心臓から遠い部分に行くにつれて弱まる

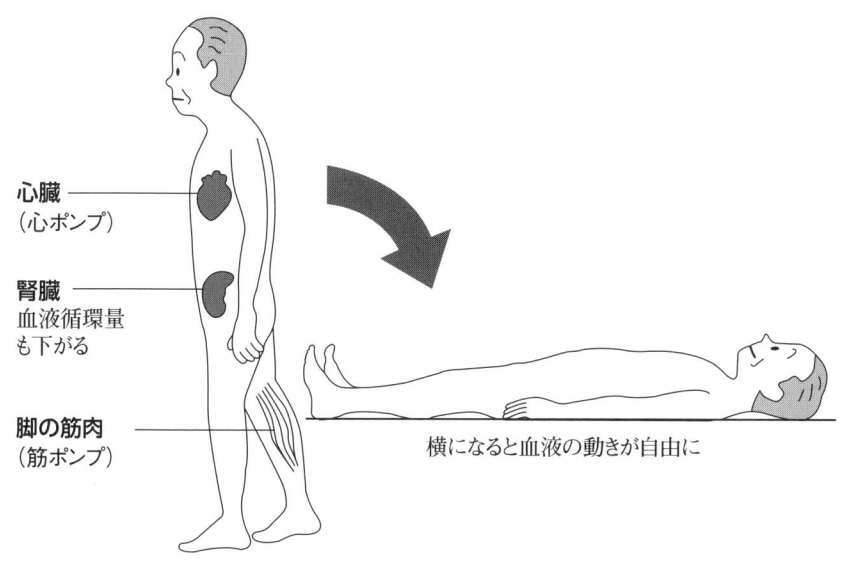

図表2-11●高齢者の夜間多尿の原因

- 心臓（心ポンプ）
- 腎臓　血液循環量も下がる
- 脚の筋肉（筋ポンプ）

横になると血液の動きが自由に

出所：竹内孝仁ら「おむつを外し尿失禁を改善する」

ため、血液の流れは滞（とどこお）りやすくなります。それを解決しているのが筋ポンプです。中でもふくらはぎは第2の心臓とも呼ばれ、筋ポンプが作用している場所です。立位や座位をとっているとき、血液は縦方向で重力に抵抗して循環していますが、心ポンプや筋ポンプの低下により循環できず、下半身に水分がたまってしまいます。夜間、横になると重力の影響がなくなり血液の動きが自由になり、腎血流量（腎臓を流れる血液量）が多くなって、尿量が増えます。

夜間不眠の解消として日中の活動量のアップが必要です。水分量を増加することで昼間の尿意回復を図れるとともに、夜間の熟睡にもつながります。特に歩くことが効果的です。

6 排泄（おむつ外し）と歩行

1 尿意・便意のアセスメント

　おむつをしている高齢者に対しては、尿意・便意があるかどうかを必ずアセスメントすることが重要です。それが排泄ケアの出発点となります。このとき、いつからおむつをしているかということは重要な情報となります。おむつの使用期間が短ければ、尿意・便意が残っている可能性は十分にあります。まずは尿意・便意があるかを見て、あればトイレでの排泄介助へつなげます。

　おむつの使用が長くなると、おむつをしている間に尿意・便意がなくなってしまうことがあります。これをおむつ性失禁といいます。この場合は、排泄パターンを把握することが大切です。まずは便から取り組んだほうがよいでしょう。いつ、どれくらい（量・回数）の排便があるかを確認し、排便の量が多いときがこの人の排便リズムだと考えればよいでしょう。

2 トイレで排便するための4大ケア

　アセスメントが終わったら、おむつを外してトイレで快適な排便をするための排泄自立のアプローチをします。

　排便ケアには「4大ケア」と、下剤を使わない「7つのケア」があります。4大ケアとは、①水分ケア、②下剤の中止、③歩行練習、④トイレでの排泄です。これらは排泄を自立させるために必要な要素であ

り、②の下剤の中止においては、下剤を使わない７つのケアが必要となります。

①水分ケア

トイレで排便するためには、まず意識レベル（覚醒水準）がしっかりしていることです。そのために、１日に必要水分量（1500ml以上）を摂取します。また、空腹時の飲水により胃に刺激を与えて胃・大腸反射を亢進することも考えます。

②下剤の中止

高齢者の便秘の原因の１つに下剤の習慣化があります。機能性便秘について前述しましたが、下剤の乱用・常用は禁忌です。例えば、よく使われる酸化マグネシウムは水分を吸収し、便をふやかして柔らかくする作用があります。しかし常にダラダラと柔らかい排便が続くため、便意はなくただ押し出されている感覚です。下剤が便意をなくしているわけです。

下剤の乱用は、排便リズムを破壊する原因となるため、下剤を使用せずに自然排便を促せるようなケアを行います（**図表2-12**）。下剤を使用するのであれば頓服（とんぷく）が望ましいです。

図表2-12●下剤を使わずに便秘を治すケア（下剤を使わない7つのケア）

1) 規規則的な生活	5) 運動（歩行・体操・外出）
2) 常食1500kcal	6) 定時排便
3) 食物繊維の摂取	7) 座位排便
4) 水分1500ml	

著者作成

1) 規則的な生活

睡眠覚醒リズムを整えます。このためには、日中は活動性を高め、夜はゆっくり休むことです。それには水分が大きな作用を果たします。水分を増やすと日中は覚醒し、夜間は良眠することができます。

2) 常食

食事をしっかり食べることが大切です（１日の目安1500kcal）。

中でも常食には食物繊維が多く含まれており、便量を増やすために優れています。

3) 食物繊維

繊維の多い食材であるいも類、海草類、野菜類の摂取を工夫します。繊維不足の場合は、促進剤としてファイバー、寒天ゼリー、オリゴ糖などを摂取することも有効です。

4) 水分

1日1500ml以上の水分量の確保が必要です。起床時の冷水・冷乳200ml摂取は水分補給となり胃大腸反射を起こし排便をスムーズに行うきっかけとなります。水は便秘の特効薬です。

5) 運動 (歩行・体操・外出)

要介護者の歩行練習は起立大腸反射を亢進するために、もっとも効果的です。

6) 定時排便

老化による便意の弱まりへの対応策となります。毎日、ある程度決まった時間にトイレに行くなど、排便の習慣をつけるようにします。

7) 座位排便

座位は便をスムーズに排出する姿勢です。

③歩行練習

身体の活動性を高めるためには歩行練習が必要です。運動により大腸が刺激され、起立大腸反射が起こりやすくなり、歩くことにより意識レベルが高くなって便意・尿意の抑制が可能となります。そして歩行はトイレへの移動手段となります。

④トイレでの排泄

トイレで座位になることにより腹圧と便に重力がかかり、排便がしやすい姿勢となります。

おむつを外すためには、朝、目が覚めてから排便までのメカニズムを知ることが大切です。

図表2-13 ●朝食後の排便までのメカニズム

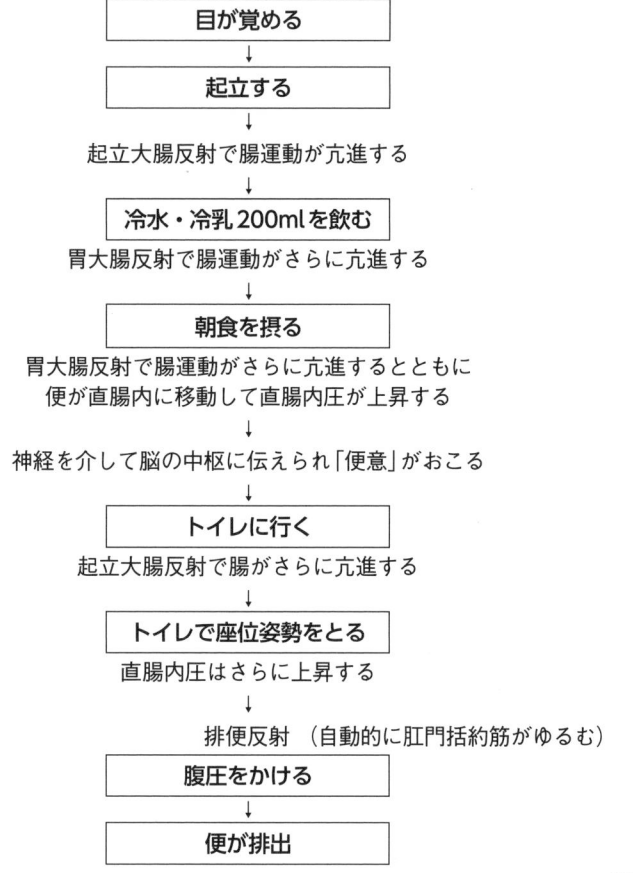

```
目が覚める
   ↓
 起立する
   ↓
起立大腸反射で腸運動が亢進する
   ↓
冷水・冷乳 200ml を飲む
胃大腸反射で腸運動がさらに亢進する
   ↓
 朝食を摂る
胃大腸反射で腸運動がさらに亢進するとともに
便が直腸内に移動して直腸内圧が上昇する
   ↓
神経を介して脳の中枢に伝えられ「便意」がおこる
   ↓
 トイレに行く
起立大腸反射で腸がさらに亢進する
   ↓
トイレで座位姿勢をとる
直腸内圧はさらに上昇する
   ↓
排便反射（自動的に肛門括約筋がゆるむ）
   ↓
 腹圧をかける
   ↓
 便が排出
```

著者作成

3 失禁を改善する2大ケア

　排尿ケアには、①水分ケア、②活動量の増加（歩行練習）の2大ケアがあります。
　十分な水分は覚醒レベルを上げるため、尿意の回復に重要です。また、活動することが覚醒につながります。横になっているよりも座っているとき、座っているときよりも立っているとき、立っているときよりも歩いているときがより覚醒しています。活動することで筋肉が緊張し、脳幹に刺激を与え覚醒するのです。そこに興味や関心のある

外出やレクリエーションを取り入れていくことがいっそうの覚醒になり、尿失禁を改善します。

> **事例 ◆ 要介護5の高齢者のおむつ外し**
>
> ＜入所時の状態＞
> 2009（平成21）年5月　特別養護老人ホームに入所
> 要介護5、寝たきり度B2、認知症度Ⅲa
> 既往：アルツハイマー型認知症、尿路感染症、両膝変形性関節症
> 基本項目：水分量900ml、食事栄養量1200kcal（常食外）
> 生活リズム：夜間不眠
> 意識レベル：活動時低下
> 排泄：おむつ使用、ベッド上での交換
> 摂食嚥下：口腔内清潔とはいえない、口腔ケア一部介助
> 要介護ADL：車椅子全介助、着替え（下）、洗面、整容、入浴
> 認知症：あり
>
> ＜ケアプラン＞
> 1. 水分量の増加：1日1650ml（朝：牛乳200ml、15時：寒天ゼリー200cc、お茶250ml×5回）
> 2. 常食：カロリーの増加　　義歯の調整、体調管理、活動量の増加
> 3. 活動量の増加：運動療法、車椅子自走
> 4. 規則的な生活：水分量増加、活動量増加、摂取カロリー増加
> 5. 意識レベルの改善：水分の増量、活動量増加
> 6. 立位能力改善：車椅子への移動（立位の機会を増やす）
> 7. 定期的な排便：水分量、摂取カロリー増加、活動量増加、下剤中止
> 8. 失禁の改善：活動量の増加、レク活動、トイレ誘導
> 9. 口腔内清潔：口腔内の確認、ケアの介助、自力の促し
>
> 　このプランは、水分量・活動量の増加により意識レベルを覚醒し生活リズムが規則的になるようにしています。また、自然排便を促すために水分量、活動量、栄養量を増加しています。

＜経過＞

2011（平成23）年3月

要介護5、寝たきり度B2、認知症度Ⅲa

基本項目：水分量1654ml、食事栄養量1250kcal（常食）、BMI28.8
　　　　　車椅子全介助

生活リズム：規則的

意識レベル：問題なし

排泄：布パンツ使用、トイレ排泄

要介助ADL：車椅子全介助、着替え（上下）、入浴

認知症：あり

＜新ケアプラン＞

1. 水分量増加：1日1800ml以上（朝：500ml、10時：200ml、昼：300ml、17時：200ml、夕：300ml）
2. 摂取カロリーの増加：活動量の増加
3. 活動量の増加：歩行クラブへの参加、週2回パワーリハビリ
4. 歩行能力改善：歩行クラブへの参加
5. 規則的な排便：水分量・活動量の増加
6. 一部失禁の改善（尿）：排尿パターンの把握
7. 夜間排尿量・回数の減少：日中の活動量の増加

　このプランは、前のプランで改善できなかった尿失禁に対してアプローチしています。水分の増加、歩行による活動量を増やすことで夜間排尿の回数を少なくしています。

7 認知症の改善

1 認知症ケアの現状

　認知症にかかわっている研究者や医師は、医学的アプローチによる研究を行い、その医学的原因、診断、治療に専念してきました。では、「認知症ケア」についてはどうでしょうか。厚生労働省「2015年の高齢者介護〜高齢者の尊厳を支えるケアの確立に向けて〜」では、「認知症高齢者ケアは未だ発展途上にあり、高齢者介護の中心的な課題である」と報告されています。いわば、「認知症ケア」の研究はされていないということです。そうである以上、毎日認知症にかかわる介護職自身が認知症のケア理論をつくっていく必要があります。

　現在は、認知症状に対して、例えばティッシュペーパーを食べてしまう場合は、ティッシュを近くに置かない、夕方に家に帰りたいと歩きまわる場合は、一緒に寄り添い歩く、家に帰れない理由を説明する、などその場対応が多く見られます。それは、そもそも「認知症」「認知障害」などの「認知」とはどういうものかを理解せず、症状が起こってからの介護をしてしまっているということなのです。

2 認知症の成り立ち

　認知症は、認知障害によって起こる症状を呈する病気です。認知とは、今置かれている「状況」を認識・理解・判断する総合的な精神の働きをいいます。「認識」とは"ここはどこか""ここはどういう場なの

か"を知ることで、「理解」とはこの場と自分との関係です。「認識」と「理解」とは、自分にとっての状況の意味を知ることです。「判断」とは、場を知り自分との関係を知った後に"それでは私はどうすべきなのか"を知ることで、取るべき行動を選択することです。

　人は、刻々と移り変わる状況を瞬時に認知し、その状況に合った行動を取ることを求められています。認知障害で起こるのは、状況に合わない行動を取ってしまうことで、これを「異常行動」「行動障害」と呼んだりします。また、医学的な表現として、認知症の「症状」ともいわれています。認知症の症状（異常行動）は「認知障害」を原因とし、その発現には「きっかけ」があります。

3 認知症ケアの基礎知識

　認知障害とは、ある状況において"ここはどこなのか""私は誰なのか""どうすればよいのか"の3つのいずれかあるいはすべてがわからなくなることです。その状況をアセスメントすること、具体的にいえば症状から認知症の原因を探る必要があります。その行動（症状）が「いつ」「どこで」「どのような状況で」生じているかを知ることは、症状発現の状況を知り、その人との関係を知る大切な手がかりになります。

　原因の追及には基礎知識が必要です。原因の追及とは、その症状が認知症の症状発現のどのタイプに属するかを知り、認知症の人が"どのタイプか"を判定することです。そしてそれぞれのタイプによって治療方法が違います。

（1）6つのタイプ

　認知症のタイプには、**図表2-14**のように6つのタイプがあると竹内は述べています。これらのタイプ判定は、「行動の特徴」から判定することになります。

図表2-14 ●認知症のタイプの全体像

```
            認知力の低下
                ↓
            知的衰退型
  環境不適応型         身体不調型
           （周辺症状）
            葛 藤 型
            遊 離 型
            回 帰 型
```

出所：竹内孝仁「介護力向上講習会テキスト」

①身体不調型

体調がよくないときに「興奮」を核とする多様な症状が現れます。

1）脱水

身体不調の中でもっとも多く、"夜になると興奮状態になる""午前中は落ち着いていたのに、夕方になると落ち着かなくなる"などの行動が起こります。1日の内に変動（日内変動）があるのが特徴です。これは、身体を動かしているのに飲む水が少ないと、時間が経つにつれて水分バランスが崩れることによって症状が現れてくるのが原因です。

2）便秘

週内変動があり、1週間〜10日に1度くらい"非常に興奮する日"があります。腸を動かす自律神経の働きが異常に活発になることによるもので、情緒的に不穏になります。特に便秘のときになりやすい特徴があります。

3）低体力・低栄養・低活動

認知症になると食事が進まなくなり、「低栄養」となる危険があります。また、活動性が低下することが認知力低下の要因となります。症状は、普段ぼんやりしていることが多く、何をするのも億劫になり、気の進まないことを勧めると怒り出したりしますが、興味のあることは比較的はっきりと行うことができます。

4）急性の病気・けが

病気やけがでは、「苦痛」を増すようなときに症状が現れます。

動こうとせず、認知症の症状らしきものは見当たらないものの、身体をさわられたりすると苦痛がひどくなり急に怒ります。認知症の人は自分の考えをうまく説明することができない、ということも原因と考えられます。

②環境不適応型

新しい環境、見慣れない場所や人に直面したときに現れる「拒否」を核とする症状で、症状が出現するのは環境が変わったときです。そのため"いつ"という時間の特定はできません。

自分にとってどのような場や人かが認識できず、どうしてよいのかわからなくなり、「拒否」という症状に発展します。

③知的衰退型

身体不調を整えても、認知力に低下が残っているものです。「トイレの場所がわからない」「入浴することがわからない」などの症状が強く現れます。いわゆる「見当識障害」と呼ばれます。

④葛藤型

わけのわからない混乱と不安をもたらす状況に立ち向かい、挑んでいるタイプです。症状が現れるきっかけは2つあります。「孤独」あるいは「孤立」しているときと、周りから何らかの「抑制」を受けているときです。

"トイレからトイレットペーパーをもってくる""特に用もないのに職員を呼びとめる"などは「孤独」を核とする症状です（物集め、人集め、粗暴、異食等も含む）。また「こぼさないで食べてください」と声がけしたときや、車椅子からベッドへ移乗するときに興奮して大声を上げるなど、言葉による抑制や状況変化に抵抗する「抑制」を核とする症状です。

⑤遊離型

終日同様の態度や行動として見られます。ぼんやりしていて周りのことに関心を示さず、感情を動かさず、身体の動きもほとんどない、いわゆる「無関心」「無感動」「無動」です。例えば、食事介助をしてもぼんやりしていて飲み込めない、食べられない状態です。

⑥回帰型

　その人の古き良き時代、輝いていた時代に戻ってしまうタイプです。過去の姿に戻るため、過去の姿のまま行動します。例えば"「家に帰ります」と昔住んでいた土地に帰ろうとする"、医師であれば"「患者が待っているから」と診察室へ行こうとする"、などの症状があります。

4 タイプ別認知症ケア

　認知症ケアでは、基本ケアである「水」「食事」「生理的排便」「運動（歩行）」を行い、認知力そのものを高めるケアを実施します。それでも改善しない場合は認知症のタイプ判定を行い、それぞれに対するケアを実施します。また、効果を持続させるために地域の人の集まりに参加し、仲間づくりや役割づくりも行います。タイプ別のケアは以下のとおりです。

①**身体不調型**

　水、食事、排便、運動（歩行）の基本ケアの徹底をします。

②**環境不適応型**

　新しい環境になじめるように「担当スタッフ」を任命し、なじみの関係をつくります。

③**知的衰退型**

　状況が変化したときに、その状況がわかるように、手助けを行います。わかりやすいように目印をつけるのもよいでしょう。

④**葛藤型**

　ショッピングケアや散歩に出かけ、閉じこもりを防ぎましょう（孤独の解消）。抑制の中止（抑制的な言葉）は避けましょう。

⑤**遊離型**

　「役割」がもてるように、役割づくりをしましょう。

⑥**回帰型**

　一緒に過去へ同行しましょう。

> ### Column　タイプ判定とケア方法を考える
>
> ●デイサービスの玄関先で「家に帰る」といって中に入らない。無理に入れようとすると職員に乱暴する。
>
> ⇒環境不適応型
>
> 　場所に対しての環境不適応を起こしているため、担当を決めて迎えに行くなど、なじみの関係づくりを行います（2カ月継続が必要）。
>
> ●夜になると騒いで興奮して動き回る。
>
> ⇒身体不調型
>
> 　脱水を起しています。水分量を確認し、1日1500ml以上の水分補給を行います。
>
> ●誰も見ていないときに、隣の人の物をもって来てしまう。
>
> ⇒葛藤型
>
> 　孤独による物集めです。孤独感を感じないよう、ショッピング、散歩など意識を外に目を向けるようなケアをします。

確認問題

問題1 生体における水分の分布について、(ア)〜(ウ)に数字を入れなさい。

成人の生体組織における水分の量は、体重の（ ア ）%〔細胞内（ イ ）%、細胞外（ ウ ）%〕。

問題2 次の(ア)〜(オ)に正しい言葉を入れなさい。

① 「尿意・便意」は脳の（ ア ）で知覚される。
② 上記の知覚は、準備が整うまで排出そのものを（ イ ）させる。
③ 長期間のおむつ使用は、尿意・便意を失わせ、これを（ ウ ）性失禁と呼ぶ。
④ 座位排出の利点の1つは（ エ ）を上昇させることにある。
⑤ 起床後に冷水や牛乳を飲むと排便を起こりやすいのは（ オ ）反射による。

確認問題

解答1　ア：60　イ：40　ウ：20

解説1　出題の意図：人体の中の水分量について理解するための問題です。

幼児、成人、高齢者により、体重に占める水分量に違いがあります。細胞は細胞膜という膜に包まれて、細胞内水分量は年齢とともに低下するといわれています。

解答2　ア：前頭葉　イ：抑制　ウ：おむつ　エ：腹圧　オ：胃大腸

解説2　出題の意図：排泄のメカニズムについて理解するための問題です。

中枢(脳)のコントロールが排泄に作用しています。直腸の内圧が上昇すると神経を介して前頭葉に伝えられ、便意として感じるようになります。前頭葉は、排泄の状況判断をしています。また、スムーズに排便するためには、腹圧をかけられる姿勢、排便反射を誘発することが大切です。

第3章
介護の経済学
——おむつ外しの効果

1. 自立支援介護の現状
2. おむつに関する現状
3. 排泄に関する現状

1 自立支援介護の現状

1 おむつ外しを目指して

　高齢者介護に従事する介護職員が介護の専門性を発揮して資質向上に取り組み、介護を必要とする入所者に対して自立支援介護を実践した結果もたらされる効果は、非常に大きなものです。

　自立支援介護の基本ケアである「水分、栄養、排便、運動」の中でも特に「排便」の自立を目指す"おむつ外し"の実践は、利用者本人のQOL向上と介護者の負担軽減という効果だけでなく、高齢者施設における経営的側面にも大きな効果があることが明らかとなっています。

　まず、次の数字は何を示しているのか考えてみましょう。

1人1カ月当たり1,240～11,166円

　これは、全国老人福祉施設協議会主催による"専門性の向上に資する研修"と位置づけられた「介護力向上講習会[※1]（2008［平成20］年7月）」に参加していた特別養護老人ホーム（以下、特養）を対象に、増原が調査した"入所者1人にかかる1カ月当たりのおむつ総費用"です。

　おむつ総費用の平均は4,600円（±2,150円）でした。調査対象の概要は男性1,290人（21％）、女性4,905人（78％）、平均要介護度は3.85（±0.346）で、要介護4がもっとも多く1,975人（32％）、次いで要介護5が1,943人（31％）であり、調査対象の入所者の6割を要

※1：介護力向上講習会の目的と対象
　　＜目的＞おむつ使用率0％を目指して水分、歩行、排泄、食事、認知症等のトータルな改善に取り組み、自立支援介護の理論と実践を中心に「介護学」を確立すること。
　　＜対象＞①施設として自立支援介護・個別ケアの質向上に意欲があること。
　　　　　　②参加する職員は、施設におけるリーダー的立場に就くことを期待されている者であること。
　　　　　　③特別養護老人ホームの職員であること。

介護4と5が占めています。

　介護力向上講習会とは、2005（平成15）年におむつ使用率30％以下を目指すことを目的として、通年（全6回）を1期として始まり、現在も継続している研修です。施設によっては毎年受講を希望するなど、すでにおむつ使用率30％以下の特養が存在しています。これまで講習会に参加した施設で、日中おむつ使用率0％を達成している特養は32施設となっています（2012［平成24］年3月現在）。

　増原の研究によれば、施設平均介護度と排泄場所の関係には強い相関が示されています。平均介護度が重度である施設は、排泄場所がベッドである利用者の割合が多く、トイレを排泄場所として選ぶ（あるいは使用している）利用者は少ないのが現状であると報告しています。

2　施設入所と介護保険制度

　介護保険制度が始まった2000（平成12）年度の介護保険財政総費用は3.6兆円でしたが、年々増加気味に推移し、2009（平成21）年には7.7兆円に上っています（厚生労働省）。

　財政事情から介護報酬の増額は実現できておらず、介護保険サービス事業所の多くは、経費削減を当面の課題として掲げ、消耗品の削減に取り組む傾向がみられます。これは介護保険施設の1つである特養においても同様です。

　特養の利用希望者が入所する際は、入所判定会議で審議されます。入所判定基準に従い、要介護度や介護の必要性、在宅生活の困難さ、老老介護など家族の状況も配慮されます。これらの現状や事情が勘案され、施設入所の緊急性のある人を優先対象として入所が決定されます。

　介護保険制度が導入される以前の措置制度の時代には、特養を利用したい人は行政で入所申し込み手続きを行い、順番待ちをしていました。そしていったん特養に入所したら、人生の最期まで住み続けると

いうのが社会全体の意識でした。

社会保険方式である介護保険法が導入され、都道府県から指定を受けることで介護保険制度が利用できるようになりました。これまで行政主導であった施設入所が、2003（平成15）年、入所判定基準にのっとり判定会議を経て入所できるようになったのです。これにより、公平な入所ができ、かつサービスを受けられる時代になりました。さらに、使いたい施設を利用者が選択できるようなシステムに変わりました。

在宅での生活が続けられるようにと介護保険制度がスタートしたわけですが、施設入所を希望する人が後を絶たないという現状であり、2009（平成21）年12月には特養への入所待機者は全国で42万人を超えると発表されています。しかしその一方、一部の地域では空床が目立つ施設もあります。

いずれにしても、介護保険法には、利用者にとっても介護職にとっても重要な文言が明記されています。それは、「個人の尊厳の保持、自立した日常生活の保障、国民の共同連帯」です。公平なサービスを受けることができ、利用者の自己決定・自立支援・在宅復帰が規定されているわけです。措置時代に「終の棲家」として捉えられていたのとは逆の側面がクローズアップされています。

3 介護の質について

財団法人介護労働安定センターによる「介護労働実態調査結果」によれば、介護サービス業を運営するうえでの問題点として、「今の介護報酬では人材確保・定着のために十分な賃金を払えない」と回答した者が全体の51.5％を占めています。また、雇用管理の状況である職種別調査においては、介護職員の1年未満の離職率は43.5％、1年以上3年未満では35.2％という結果が示されています。早期離職防止や定着促進のための方策について、施設系（入所型）の回答を見

ると、18項目から成る設問のうち「職場内の仕事上のコミュニケーションの円滑化を図っている」との回答が62.7％と最大でした。

　介護労働者の就業実態と就業意識調査では、働く上での悩み、不安、不満等について、施設系（入所型）の回答では「仕事のわりに賃金が低い」が57.3％を占めています。また、前職の状況について「介護・福祉・医療分野以外の仕事の経験がある」と回答した者は67.8％で、「直前の仕事は介護ではない」が61.1％でした。

　介護の質を向上させたいと願っても、人材確保できる賃金を支払えない現状があります。介護労働者の人材が不足しており、入職後から3年未満で退職してしまう職員が多く、新入職員を指導しても定着しない、ということがくり返され、その場しのぎの職員教育に終始している現状があると考えられます。

　「自立支援型介護＝介護の質向上」には到底至らず、3大介護（おむつ交換、食事介助、入浴介助）に勤しむ時代から、介護の質とは何か、利用者にとって最良の介護とは何か、誇りのもてる責務ある仕事をすることとは、自立支援型介護に転換するためにはどのような改善が必要か、などについて組織全体で検討していくという時代、つまり発展期に突入したのです。

2 おむつに関する現状

1 おむつについて

　高齢者介護において おむつは当たり前のように使われています。しかし、おむつと一言にいっても、その種類はさまざまです。テープ止めやパッドタイプが代表的で、使用目的によって、大きさや吸収量などに違いがあります。まずは現在流通しているおむつの施設納品の標準価格を見てみましょう。

テープ止めおむつ：Mサイズ1枚約65〜75円

昼用パッド：1枚約10〜15円

夜用パッド：1枚約20〜30円

リハビリパンツ：Mサイズ1枚約55〜65円

　おむつ販売業者によれば、質より値段重視の施設もあれば、金額の高い商品を使うケア重視の施設もあるといいます。施設は排泄についてさまざまな工夫で取り組もうとしている状況がうかがえます。しかし、排泄のメカニズムの知識をもち、自立支援を念頭に置いて検討している施設は多いとはいえません。

　実際の介護現場においては、おむつを使うことによって引き起こされる"おむつかぶれ""おむつ性失禁"に対するアプローチ方法の知識が乏しいことに加え、利用者の心身状態をよくするための理論をもって介護しているとはいえない現状があるようです。

2 おむつ費用削減の効果

　増原の研究では、1人1カ月当たりのおむつ費用から年間1人当たりの金額を出した後、職員1人に対して割り当てられる金額（費用）を試算しています。入所者70名、ショートステイ利用者10名、職員60名と仮定した場合、1職員当たり10,580円が割り当てられるという試算結果が示されています（**図表3-1**）。

図表3-1●おむつ費用試算結果

```
[試算]
最高　　11,166円
最低　　 1,240円
──────────────
差　　　 9,926円
```

　　入所者70名、ショートステイ利用者10名、職員60名

（11,166 − 1,240）円 × 80名 × 12カ月 ＝ 9,528,960円

9,528,960円 ÷ 60名 ＝ 158,816円（年間）

158,816 ÷ 15カ月（賞与含む）＝ 10,587円（月給）

出所：国際医療福祉大学大学院修士論文、2009年

　この試算は、消耗品であるおむつの経費を削減するために、おむつの費用をただ単に抑えた結果として得られたものではありません。増原がこの論文の中で「自立支援の視点を持ち、チームとして試行錯誤しながらケアを継続していくことである」と述べているように、"おむつを外せばコストダウンになる"という安易な考えではないのです。自立支援介護の理論と実践によりおむつ外しを実現できた施設では、得られた差額でポータブルトイレを購入したり、介護職員の給与を改善したり、施設内研究発表会における優秀者への賞品として支給しています。

このように、おむつ外しは入所者のQOL向上の促進だけでなく、職員の福利厚生の充実による離職率低下や士気向上といった施設全体の介護力向上につながる重要な取り組みであるのです。

3 排泄に関する現状

1 排泄における介助量

ここで、排泄における介助量について見てみます。

①おむつ交換に要する平均介助時間（秒）：326.1 ± 66.8秒
②トイレ介助に要する平均介助時間（秒）：335.8 ± 147.6秒

これは、おむつ交換とトイレ介助に所要した時間を示した数値であり、時間的に有意な差はありません。佐藤は、おむつ交換とトイレ介助の共通介助項目である、陰部清拭、臀部清拭、皮膚疾患の確認・処置、新しい排泄用具への交換、ズボン・下着を上げる、において、おむつ交換がトイレ誘導時間を上回ったという結果が得られ、また「おむつ交換においてこれらの項目は、すべて前傾姿勢で行われる介助内容」と述べています。

トイレ介助では、「排泄時間（見守り）や手洗い・声かけの介助、トイレへの往復の移動介助に多くの時間を要している」という結果から、介護者における身体的負担時間についてもトイレ介助のほうがはるかに負担は少ないと考察しています。

おむつ交換は、居室から居室を行き来して介護職1人で行う介助です（いわゆる介護職の都合で行う介助）。しかし、トイレ介助は利用者のペースで行う介助です。おむつ交換ではテープ止めおむつの他にパッドを併用している施設が大半です。中には、布おむつとパッドを併用している施設もあります。布おむつは洗濯するためには人手が必

要ですし、洗濯代もかかります。

竹内は、「介護保険の手直しによる、いわば上からの待遇改善策は限界があり、介護職自らが専門性を高めて社会的認知を確立する努力を同時に行っていく必要がある」と述べています。つまり、これまでのありのままの介護（世話をするのみの介護）体質を転換する必要があるのです。専門職としての地位向上・社会的認知を高めるために、理論と科学的根拠をもって実践し、給与水準を上げるにふさわしい実践者になり、教育者としても実力を発揮できる"人財"を育てていくことが求められています。

そのためには、アセスメント力を高め、良質な介護過程の展開と、チームが一丸となって自立支援に取り組める知識と組織力のあるケアが必要です。

確認問題

問題1 2008（平成20）年7月の全国老人福祉施設協議会が開催した「介護力向上講習会」参加施設の入所者1人にかかる1カ月当たりのおむつ総費用を述べなさい。

問題2 おむつ外しで得られる効果を、入所者・職員・経済の3つの視点から挙げてください。

確認問題

解答1 1人1カ月当たり 1,240～11,166円

解説1 出題の意図：施設間におけるおむつ総費用の違いを理解するための問題です。

特別養護老人ホームにおいてのおむつの使用状況は異なります。自立支援介護を実践した結果もたらされる経済的効果は非常に大きいものです。

解答2
入所者：QOL向上が促進される。
職　員：離職率の低下、士気向上、介護負担の軽減、チームワークができる。
経　済：施設の経営的側面に大きな効果がある。消耗品であるおむつの経費削減により、ポータブル等が購入できる。

解説2 出題の意図：おむつ外しで得られる効果をそれぞれの立場から理解するものです。

高齢者介護において、おむつは当たり前のように使われています。おむつをしているから、おむつを交換するというありのままの介護(世話するのみの介護)体質を変換する必要があります。おむつ外しは、理論と科学的根拠をもって実践していくことで達成されます。その効果として、入所者のQOLが向上し、職員の士気向上にもつながり、専門職としての地位向上、さらには施設経営的側面にも大きな効果を与えています。

第4章
在宅復帰の理論と実践

1. 在宅復帰と相談員
2. 家族アプローチ①　概要
3. 家族アプローチ②　入所前・入所・入所初期
4. 家族アプローチ③　中間期
5. 家族アプローチ④　退所準備・退所期
6. 家族アプローチ⑤　退所後のフォローアップ

1 在宅復帰と相談員

1 在宅復帰を目指して

　人生最期の時を自宅で過ごしたいというのは、多くの高齢者にとって切実な願いです。何らかの障害を抱えていても自宅で可能な限り自立した生活を継続できるよう支援することは、リハビリテーションの重要な役割のひとつです。

　特に、脳卒中などへの罹患を契機にADLを中心とした自立性が低下すると、在宅生活の維持継続が困難になります。入院による治療および回復期リハビリテーションによって疾病の治癒とある程度のADL回復は見込まれるものの、退院して在宅での日常生活に移行するにはさらなる自立性向上が必要となることがあります。また、自宅療養の場合でも、安静により廃用症候群が生じて在宅生活の継続が困難になることもあります。

　このような状態にある要介護高齢者が、ケアやリハビリを通して日常生活の自立性を高めて在宅への復帰を目指す施設が老人保健施設（老健）です。老健における在宅復帰機能は、回復期リハビリテーションと維持期リハビリテーションの橋渡しをする役割を担っています。また、施設という閉ざされた世界から地域社会での生活という可能性を広げるという点において、在宅復帰は社会的リハビリテーションの一環でもあります。

　この老健における在宅復帰を可能にする大きな条件として、ひとつには本人の自立性、もうひとつは家族の引き取り意向があります。前者は主に介護職員が主体となってケアが展開されますが、後者の家族

へのアプローチは主に「支援相談員」が担います。高齢者施設において施設ソーシャルワークを行う職種を「相談員」といい、特別養護老人ホームなどの生活施設では「生活相談員」、老健では「支援相談員」という名称となっています。

2 相談員活動の現状

(1) 老人保健施設における相談員の概況

全国の老健の施設数は3,742施設にのぼります（2011［平成23］年3月31日現在：ワムネット介護事業者情報による）。省令では、支援相談員は入所者100名に対して1名以上の配置が求められていますが、現在1施設当たりの支援相談員数は常勤換算で1.8名となっています（厚生労働省、「平成22年介護サービス施設・事業所調査」）。したがって、少なくとも全国で6,000名以上が支援相談員の職務に従事していると推測されます。

(2) 相談員の資格

老健の支援相談員に従事するための資格は、「保健医療及び社会福祉に関する相当な学識経験を有している者」と規定されています。主に社会福祉士や社会福祉主事等のソーシャルワーク専門職の有資格者のほかに、介護福祉士資格をもった介護職経験者が相談員として配置される場合などもあります。前述の「介護サービス施設・事業所調査」によれば、常勤換算1.8名の支援相談員のうち0.8名が社会福祉士資格保有者であることから、支援相談員の名の通り、相談援助技術を主体としたソーシャルワーク業務を担う職種であることがわかります。

(3) 相談員の業務内容

老健の人員基準の解釈通知において、相談員の業務は次の4つに規定されています。

①入所者および家族の処遇上の相談
②レクリエーション等の計画、指導
③市町村との連携
④ボランティアの指導

　①に挙げられる「処遇上の相談」とは、老健の理念と目的の第一が利用者の在宅復帰にあることから考えれば、主眼は「入所者本人と家族の在宅復帰に関する相談支援」を指しているといえます。②～④の業務は、円滑な在宅復帰を可能にするための手段を整える業務であるといってよいでしょう。

　実際、相談員が従事している業務は各施設により大きな違いがあり、上記4つ以外の役割を担っている場合も多く見られます。しかし、入所者と家族の在宅復帰に関する相談支援という役割は、すべての老健の支援相談員に共通するものとなります。

　また、老健における相談支援業務に関連するもうひとつの職種に「施設介護支援専門員（施設ケアマネジャー）」があります。その中心的な業務は、施設入所者の介護サービス計画（ケアプラン）の作成にあり、その過程で入所者本人や家族と面談の機会をもつという点において、支援相談員が担う業務と重なります。その役割分担は現時点では明確にされておらず、施設ごとに業務が異なっているのが現状です。

　このように両職種の業務が交錯している状況をよく表す資料として、平成19年度「施設におけるケアマネジメント手法および介護支援専門員のあり方に関する調査研究事業」報告書（日本介護支援専門員協会）における支援相談員と施設ケアマネジャーの業務実施率の内訳が参考になります（**図表4-1**）。この図を見ると、完全に業務分担できてはいないものの、入退所時の本人を取り巻く環境調整を行っているのは、もっぱら支援相談員であることがわかります。したがって、在宅復帰をすすめるための相談支援アプローチを主体として担当している職種が相談員であることは業務内容からも明らかであり、本章では家族アプローチを中心に行う者を相談員と位置づけて論考していきます。

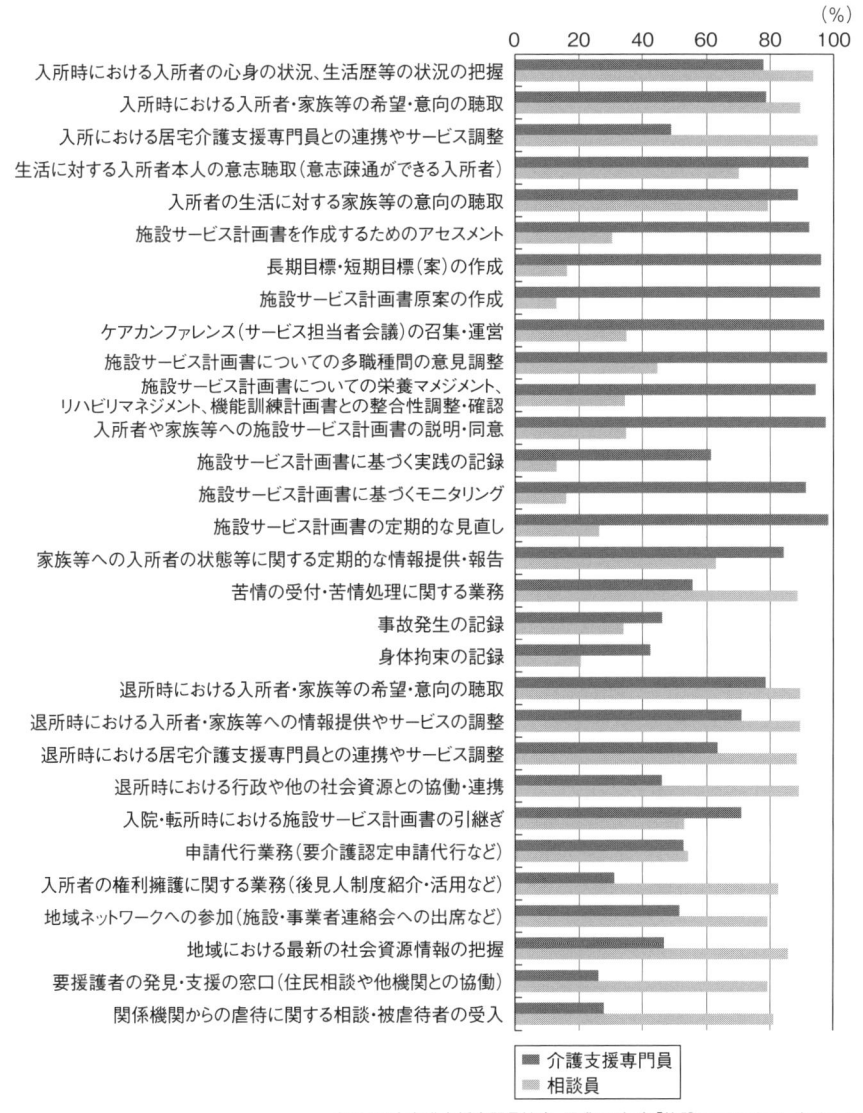

図表4-1 ●業務の実施者（介護支援専門員と相談員）（n＝534）

出所：日本介護支援専門員協会、平成19年度「施設におけるケアマネジメント手法および介護支援専門員のあり方に関する調査研究事業」報告書

（4）老健の在宅復帰の現状

　ここで、老健の在宅復帰の現状について見ていきます。**図表4-2**は、毎年厚生労働省が行っている「介護サービス施設・事業所調査」から、老健の退所状況についてのデータ（2010［平成22］年9月）に9年前の2001（平成13）年9月の結果を組み入れて加筆したものです。

図表4-2 ●老健における退所状況（2001〔平成13〕年9月と2010〔平成22〕年9月の比較）

入所前の場所	平成22年9月	(平成13年9月)		退所後の行き先	平成22年9月	(平成13年9月)
	100.0%				100.0%	
家庭	28.8	(46.9)	老人保健施設	家庭	23.8	(40.5)
介護老人福祉施設	0.7	(1.7)		介護老人福祉施設	9.3	(7.7)
その他の社会福祉施設	0.9	(0.7)		その他の社会福祉施設	2.5	(1.5)
介護老人保健施設	5.2	(4.7)		介護老人保健施設	6.6	(7.6)
医療機関	52.6	(43.6)		医療機関	48.9	(39.3)
その他	11.8	(2.3)		死亡	6.0	(2.3)
				その他	2.9	(1.1)

平均在所日数　　　　　329.2日（229.2日）
医療機関→医療機関　　32.7%（25.5%）
家庭→家庭　　　　　　15.3%（29.8%）
家庭→医療機関　　　　7.3%（10.3%）

出所：厚生労働省「平成13年及び平成22年介護サービス施設・事業所調査」

　2001（平成13）年と2010（平成22）年を比べると、①入所前の場所は「家庭」が減少し「医療機関」が増加、②退所後の行き先は「家庭」が減少し「医療機関」が増加、③「家庭」から「家庭」が減少し、「医療機関」から「医療機関」および「死亡」が増加、④平均在所日数が約7カ月から約11カ月に延長しており、老健における在宅復帰機能が停滞していることがわかります。

　医療機関からの入所が増加していることから、入所者の重度化が進行していることは予想されますが、老健の本来の目的は本人の自立性を向上させて自宅に戻すことであり、この在宅復帰の機能を大いに発揮し復帰率を向上させていくことが求められています。この一翼を担っているのが相談員による家族へのアプローチです。

2 家族アプローチ①　概要

1　相談員が行うアプローチの概要

　介護職員が入所者本人の自立性の向上を目標にケアのアプローチを行うのに対して、相談員が行うのは利用者本人と家族の在宅復帰への意向・意欲を促進することと、在宅生活ができる環境を整えることです。これを実現するために相談員は相談援助技術を用いて意図的に介入（アプローチ）していきます。

　相談援助というと、傾聴技法を前面に押し出し、家族から相談が持ち込まれるのを待っているという消極的な姿勢になりがちですが、積極的に相談員からアプローチしていく必要があります。在宅復帰を促進するための意図的な介入は、下記の3点に要約されます。

①在宅生活が困難になった原因を分析し、その原因にひとつずつアプローチして解決する。
②在宅復帰後の具体的なイメージをもち、本人・家族と共有する。
③本人と家族の意向を在宅復帰の方向に変化させる。

　これらを可能にするための最低必要条件は、本人、介護者、キーパーソンにできる限り頻回に直接会い、在宅復帰をめぐる「対話」をくり返し、信頼関係を形成していくことです。これが「相談援助技術」です。

2 相談員のアプローチの失敗例

ここで、在宅復帰に失敗したある事例を見ていくことにします。

事例 ◆ 相談員のアプローチ不足による在宅復帰の失敗

Aさん（85歳）は老健入所から半年が経過し、介護とリハビリの成果が上がりADLはすべて自立しました。近所に住む次男が施設との対応を行っており、相談員は次男が面会に来た際に何度か面談し、半年経過したタイミングで在宅復帰を切り出しました。次男は「家族に相談してきます」と留保しながらも、在宅復帰に前向きな様子だったため、相談員は在宅復帰が可能なケースだと考えていました。ところが1カ月後、「話し合いの結果、自宅での引き取りは難しい。しばらくこのまま様子を見てほしい」といわれ、在宅復帰のタイミングを逃してしまいました。

こうした事例は老健でよく見られ、相談員のアプローチの失敗により在宅復帰が阻害された典型例です。この失敗の原因は、大きく分けて次のような点にあります。

①在宅復帰の見立てを間違えた
②しかるべき時期にアプローチを行わなかった
③家族との信頼関係を形成しきれていなかった

3 入退所の各段階における家族アプローチ

　在宅復帰にかかる家族アプローチは、入所から退所に至る介入時期から見ると、**図表4-3**のように大きく4段階に分けて考えることができます。それぞれの時期に必要とされる介入を丁寧に実行した積み重ねが、在宅復帰という結果に結びつきます。

図表4-3●入退所の各時期に相談員が集中的に行うべき家族アプローチの概要

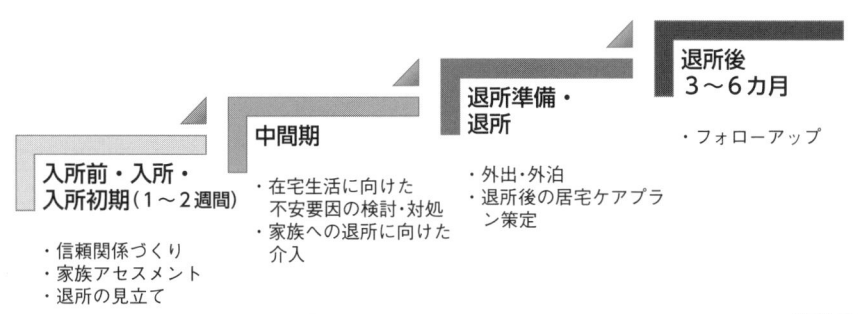

入所前・入所・入所初期（1～2週間）
- 信頼関係づくり
- 家族アセスメント
- 退所の見立て

中間期
- 在宅生活に向けた不安要因の検討・対処
- 家族への退所に向けた介入

退所準備・退所
- 外出・外泊
- 退所後の居宅ケアプラン策定

退所後3～6カ月
- フォローアップ

著者作成

3 家族アプローチ② 入所前・入所・入所初期

　入所前後の時期に相談員が集中して行うアプローチは、以下の3点に大別されます。

---
①本人と家族との信頼関係の形成
②家族アセスメント
③退所の見立て

　ここでいう入所初期とは、入所後1～2週間程度の時期を指します。それまでに上記のアプローチを徹底して行います。

1 本人と家族との信頼関係の形成

　在宅復帰に向けて相談、対話を続けていくためにもっとも基本となるのが「信頼関係の形成」です。ここでいう信頼関係とは、まず相談援助の専門職と利用者・家族（クライアント）の関係において、"この人（相談員）は在宅復帰に向けた話し合いの窓口になる相談相手だ"とクライアントに認識してもらうことです。もうひとつの目標は、"この相談員は悩み事を含めた相談を受けとめ、解決してくれる存在なのだ"という実感をもってもらうことです。そして相談員自身は、利用者本人が自立性を回復する力をもっていること、家族が本人とよりよい関係を築く可能性をもっていることを意識することで、相互の信頼関係が成り立ちます。
　そのための第一歩は、頻回に顔を合わせることです。入所前後の時

期には特に意識し、相談員自ら出向いて利用者本人および家族と話し合いの機会をできるだけ多くつくることが重要です。

話し合いの場ではまず、「共感的理解」に基づく対話を行うことが相談援助技術の基礎となります。共感とは「関心」と「感情」を共有することです。老健の相談員の支援における「関心」事は「在宅復帰」です。本人や家族は、入所前後に退所のことまで想像できないのは当然ですが、相談員の側は、面談時には常にこの「在宅復帰」を意識して臨む姿勢が求められます。

しかし、入所時に「半年後には退所していただくことになります」というような不用意な発言をしてはいけません。それは本人や家族の「感情」に対する配慮を欠くものだからです。本人は思うように行動できないもどかしさや辛さ、見捨てられるのではないかという恐れ、見知らぬ施設での生活に対する不安などを抱えていることが予想されます。

家族も、これまでの在宅介護による精神的疲労はピークとなり、施設入所が決まって一時回避できたばかりの時期です。前述のような発言をすると、「相談員は自分のことをわかってくれない」という意識をもたれてしまい、以後の信頼関係の形成はきわめて困難になります。まずは本人と家族の心情を察することから始め、対話をすることで本音を引き出し、「感情」を共有することを意識して面談します。

2 家族アセスメント

入所前後の面談において、家族情報、家族関係に関するアセスメントは相談員として不可欠です。これらの情報は、本人や家族介護者から話を引き出して得るようにします。

在宅復帰をすすめる際の家族アセスメントの重要な目的のひとつは、「キーパーソン」の特定です。「キーパーソン」というと本人を直接介護している介護者、施設に頻繁に顔を出す家族と安易に決めつけ

がちですが、本人の在宅復帰の「カギを握る人物」、実質的な決定権をもっている人のことを指します。

介護者や手続き等のやり取りをしている人とは別にキーパーソンが存在する場合には、必ずそのキーパーソンとの面談の機会を設けて在宅復帰の対話を試みる必要があります。人を介しての情報では本心をつかむことは困難であり、場合によっては事実とは反している可能性もあるからです。特に、利用者の在宅復帰に強く反対を表明するキーパーソンは、以後相談員がアプローチすべき中心人物となってくるので、入所前後にそうした情報を的確に把握する必要があります。

もうひとつの家族アセスメントの目的は、各人の在宅復帰に対する意向の確認とその変化の可能性について見立てをすることです。意向には、何に問題や不安を抱えて施設入所に至ったのかという入所の原因がかかわってきますが、それと同じくらい重要なのが家族関係です。本人と介護者の関係ばかりでなく、ほかの家族や親族との関係によって在宅復帰に影響が出ることも考慮しなければなりません。

これらの目的のために、相談員は意図的に情報収集を実行していきますが、家族アセスメントにおいてもっとも基本かつ重要なのが、「家族図（ジェノグラムまたはエコマップ）」の作成と「生活歴・家族歴」の把握です。

「家族図」は、立体的に家族の関係を把握するために不可欠なツールです（**図表4-4**）。独居の場合であっても、入所者本人だけを図示するのではなく、親兄弟や親族までさかのぼって本人の人生に影響のあった者について把握して記載する努力をします。そして、家族図に表されている個々人と本人との関係についてひとつずつ丁寧に確認していきます。この情報を元にして、相談員は在宅復帰にあたって対話する必要がある家族を見落とすことなく予測していきます。

「生活歴・家族歴」は、本人の人生の各イベントに着目し、それがいつ起こったのか、本人にとってどういう意味をもっていたのか、家族関係や役割関係を意識した聞き取りを元に記録していきます。生活歴・家族歴はまさに入所者本人・家族に固有の歴史であり、その人を

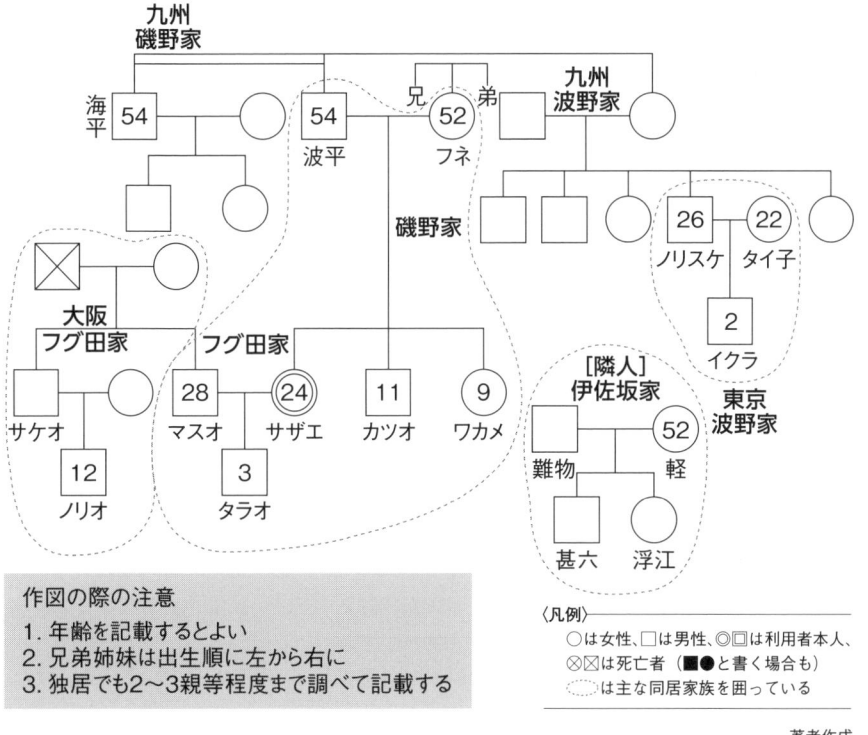

図表4-4 ●家族図作成の例(マンガ「サザエさん」家族を描いた場合)

作図の際の注意
1. 年齢を記載するとよい
2. 兄弟姉妹は出生順に左から右に
3. 独居でも2～3親等程度まで調べて記載する

〈凡例〉
○は女性、□は男性、◎□は利用者本人、
⊗✕は死亡者（■●と書く場合も）
‥‥‥‥は主な同居家族を囲っている

著者作成

　理解、共感・受容するための手がかりとなります。また、入所初期の段階でしっかりと聞き取りを行うように努めますが、以後のかかわりの中で信頼関係の深化とともに新たな情報が追加される場合も多くあります。

　さらに、この聴取の際に注目して詳細を聞くべき事項は、本人が要介護状態になって以降に引き起こされた入退院や家族関係の変化などの情報です。自宅での生活が困難になったプロセスをたどることは、入所中の本人の自立性向上のヒントになり、在宅復帰後の注意点を予測するのに役立ちます。

3 退所の見立て

　相談員は、退所に至る道筋を入所初期の段階で形成し、計画的に家族アプローチをすすめていきます。そのためには、本人がいつ頃、どのような状況で在宅復帰できるかという具体的な予後予測、退所の見立てが必要です。

　前述した家族アセスメントの結果に加えて、入所者本人のADLの予後予測も退所の見立てに必要です。昼夜の排泄状況、食事状況、歩行・移動機能、認知症の症状改善など、個別具体的に予測していきます。これらの事項は介護職員、看護職員、リハビリ職員の専門領域になるので、相談員はこれらの職種に対して個々のADLの予後予測・見通しを問い合わせます。

　本人の状態が、いつまでに、どこまで回復するのかという予測を把握したら、それを基に相談員は退所計画を立てます。退所時期、退所時の本人の状態を目標として掲げ、具体的な在宅生活のイメージをつくっていきます。相談員は、この時点で自宅の状況を実際に確認できていると在宅生活がイメージしやすくなるので、可能であれば入所初期に自宅訪問して目視しておくとよいでしょう。

　計画を立てる際に考慮すべきもっとも重要な視点は、家族の介護負担です。原則は、家族には一切介護の手間をかけない状態を目指すことです。身体的な介助はもちろん、見守りが必要になると、家族にとっては常に目が離せないという精神的負担の大きい状態となり、引き取り意向に影響を与えます。基本は本人の自立性向上ですが、それで不足する部分は、在宅サービスの活用によって家族から介護の手間を取り除く計画を策定します。ここでは、具体的な地域のサービス情報を含んだケアマネジメントの知識と技術が必要となるので、相談員自身が学習してその知識と技術を得ることが肝要です。場合によっては、施設ケアマネジャーや居宅介護支援事業所の居宅ケアマネジャーに協力を求めることもひとつの手段です。

このように、相談員は各専門職の情報を調整・集約する必要があり、チームワークを高め老健の在宅復帰機能を推進するための潤滑油として存在しています。また、施設全体の調整・仲介役という重責を担っていることも認識しなければなりません。こうして完成した退所計画は、本人・家族に丁寧に説明します。入所時点では、本人と家族は自立性が向上して自宅で生活できるようになるとは想像もしていません。そこで、具体的な個々のADLの状態変化の予測を説明し、相談員が描いた"自宅で生活しているイメージ"を本人・家族と共有していきます。以後の中間期にも、具体的な自立性向上の変化をしっかりと家族に報告し続けることで、目標達成のイメージが次第に現実味を帯びてくるので、本人・家族の在宅復帰への期待感が高まる効果も生まれます。

4 家族アプローチ③ 中間期

　入所から1〜2週間が経過し、前節のようなアプローチをしていくことで家族との信頼関係は良好になり、在宅復帰への道筋・土台固めができます。それからの時期を中間期と位置づけ、在宅復帰に向けた具体的な問題解決を進めます。この時期の家族アプローチの中心は以下の2点となります。

> ①家族の退所不安要因の検討と対処
> ②家族への個別介入（特に在宅復帰反対者と、家族関係破綻の事例に対して）

1 家族の退所不安要因の検討と対処

　入所以前、介護の辛さを実体験してきた家族は、本人が再び退所して自宅に戻ってくることに対して、さまざまな不安を抱えています。もっとも大きなものは、本人のADL低下に対する介護の不安です。これは入所初期の見立てに基づいて本人の自立性を向上させることによって解決につながります。

　これ以外に家族が抱く不安には、**図表4-5**のようなものがあります。相談員は、これらの不安要因の有無を家族との面談によって把握し、ひとつずつの不安を解消していくアプローチを行います。

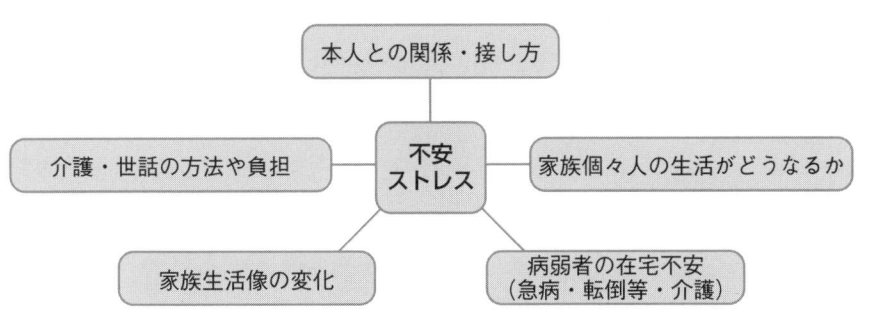

図表4-5 ● 家族が抱く退所にまつわる不安要因

- 本人との関係・接し方
- 介護・世話の方法や負担
- 家族個々人の生活がどうなるか
- 家族生活像の変化
- 病弱者の在宅不安（急病・転倒等・介護）

（中心：不安ストレス）

出所：竹内孝仁『特養・老健からの在宅復帰をすすめる本』P.32-34を参考に著者作成

（1）本人との関係・接し方がわからない

　介護が必要な状態になることで、本人の家庭内での家族関係や役割関係が大きく変容します。それに対して家族は、本人をどう扱ったらよいのか、どう接したらよいのかと戸惑いを覚えることがあります。その場合、相談員は「以前の元気なときの接し方でよい」ことを伝える必要があります。

　本人と家族がもっている価値観を尊重することは、その家族が本来もつ力を取り戻し、回復するきっかけとなります。

（2）家族個々人の生活がどうなるかという不安

　家族は、入所に至る過程で多かれ少なかれ自分の生活を犠牲にし、制限されてきたことにストレスを感じています。退所後は、そうした生活がまた始まるのではないかと不安を抱きます。この不安に対しては、具体的な在宅サービスの活用によってほとんど家族の生活を変えることなく在宅復帰が可能になることを伝えます。

　この点に関しては、退所時の担当居宅ケアマネジャーへの引き継ぎにおいて、家族も交えてしっかりと支えていくことを言明して安心感をもってもらうことが大切です。

（3）病弱者が在宅生活することへの不安

　何らかの疾病を抱えている要介護者に対して、家族は「急病にどう

対処したらよいか」「転倒などの事故があったらどうするか」「介護が不足して悪化するのではないか」という病弱者の保護者という立場で心配します。これに対して、相談員は在宅サービスにおける訪問看護や通所リハビリテーションなどで「医療的サービス」による支援が受けられることを伝え、さらにサービス提供者は事故防止や緊急時の対応にも配慮していることを知ってもらうことが大切です。こうした緊急時の対応が家族だけにかかっているのではなく、多職種のかかわりがあることに気づくだけでも、家族の不安は解消に向かいます。

(4) 家族生活像の変化への不安

その家族が歩んできた歴史によってつくり上げられた家庭生活のイメージが、退所後の介護という新たな問題で壊れてしまうのではないかという恐れをもつ家族がいます。この場合には、入所初期の退所計画をどれだけ具体的につくることができるかがカギとなります。それが退所後の生活イメージを形づくることにつながり、先行きの不透明さから生じる不安を軽減することができるのです。

(5) 介護・世話の方法がわからない

介護保険制度以前には、介護者教室などで家族に介助方法を指導して、家族の介護力を上げようという取り組みが各地で積極的に行われていましたが、これは家族の責任感を必要以上に刺激し、プレッシャーを与え続け、介護に疲弊してしまう恐れがありました。むしろ、介護保険サービスを積極的に活用し、介護の専門職に依頼することで、家族は介護以前の生活を維持すればよいと伝えることが大切です。家族の介護負担は徹底的に取り除くという姿勢をもって退所計画の実行をすすめていくことが求められます。

これまで述べてきた各不安要素の分析と対処に共通するのは、相談員は家族を安心に導くために具体的な説明と対話を継続していく、ということです。入所初期の共感的態度は、この中間期においても常に

必要となります。家族の痛みを分かち合う相談員の感性によって「自分1人で介護するのではない」という安心感を家族に実感してもらうことができます。

しかし、ここで注意したいのは、家族介護者への共感ばかりが強すぎて、家族に肩入れしてしまう恐れがあることです。入所者本人の心情と家族の心情はまったく同じではありません。したがって、相談員の共感は、入所者本人に対するものと家族に対するもので異なります。家族介護者の介護負担にばかり強く共感すると、施設入所の継続も仕方がないと思いがちですが、入所者本人にとってみれば、施設生活がどんなに安定してなじんだものになっても、自由を制限されていることに変わりはなく、地域における自宅での生活と比較すれば、そのQOLには大きな違いがあります。

入所者本人が施設で生活を続けていくことを希望する言葉が聞かれることもありますが、これは家族に対する思いやりや申し訳なさから発せられた場合が多く、条件が整って家族にも迷惑がかからないのであれば自宅に戻って生活したいというのが本音であることが多々あります。どんなに困難な事例であっても、相談員は在宅復帰に向けて諸課題を解決していく姿勢を常にもち続けることが大切です。

2 家族への個別介入

中間期の家族アプローチでは、退所不安に対する対応で大部分が解決に近づきますが、中には在宅復帰に反対する家族がいる場合や、家族関係が破綻している場合があります。これに対して相談員は専門性を発揮して、在宅復帰の実現に向けて課題解決のためのアプローチをさらに強力に行っていくことが求められます。

(1) 在宅復帰に反対する家族がいる場合

入所初期の家族アセスメントで述べたように、在宅復帰の決定権を

もっている家族、力のある家族が在宅復帰に反対している場合には、どんなにほかの家族が在宅復帰に前向きな見解をもっていても実現には至りません。このように、家族の介護問題にもっとも影響力をもっている者を「キーパーソン」といいます。相談員は、必ずこのキーパーソンと面談して対話を行っていく必要があります。

　在宅復帰に反対しているからといって、相談員がキーパーソンと対決姿勢の構えで面談を行っても、かえって在宅復帰反対の意志を強くされる一方です。面談では、まずはそのキーパーソンの言い分にしっかりと耳を傾け、在宅復帰に反対する理由を理解します。ここでも相談員に必要なのは共感的態度です。相談員が意識すべきは、「家族の中に悪者をつくらない」という原則です。家族間で在宅復帰の意見が割れた場合などには、相談員は在宅復帰反対者に対して「本人を大切に思わない非情な人だ」というようなレッテルを無意識に貼ってしまいがちです。それは意識せずとも態度に表れるために、キーパーソンはその感情を敏感に感じ取って対立構造が深まり、解決が遠のきます。反対している家族ほど、むしろ家族を守りたいという気持ちと本人を犠牲にしてよいのかという疑問とのジレンマに辛さを感じている可能性すらあることを理解しましょう。

　相談員は、反対するのは本人と家族に対する強い想いがあるからであるとみなし、その想いを積極的に理解しようと決意して何度も面談を重ねて対話ができるような信頼関係を結ぶことを目指していきます。

（2）家族関係が破綻している場合

　関係が破綻している家族が在宅復帰を拒否する原因を探っていくと、本人が介護状態になってからぎくしゃくし始めた場合と、長年のその家族固有の歴史による問題である場合の2つに分かれます。

　どちらも前面に現れるのは在宅復帰の拒否という状況なので、相談員は原因がこの2つのどちらにあるのかアセスメントをして見極める必要があります。多くの場合は、入所初期の家族アセスメントでふれ

た生活歴・家族歴をひもといていくことで明らかになります。また、個々の家族と信頼関係をもつことで本音を聞き出すことができるようになります。在宅復帰を拒否する原因がわかれば、相談員の対応方法も決まってきます。

　本人の介護状態に端を発している家族関係の悪化であれば、原因は介護に対する「ストレス」です。介護問題を解決することで「ストレス」を解消すれば、以前の家族関係を取り戻すことはそれほど困難ではありません。したがって、本人の自立性の向上と入所初期からの家族アプローチの基本を押さえることで在宅復帰は十分に可能となります。

　一方、家族歴に原因がある家族関係破綻の場合には、相談援助技術の高い専門性が求められます。解決できないままでいる過去の「わだかまり」が原因になる場合が多く、それを解消する作業としてカウンセリングスキルが必須となります。最初は傾聴と受容、共感的態度の積み重ねで信頼関係を築き、対話を行います。その中で過去の具体的な出来事を丁寧に聞き出し、そのときの本人との関係や感情に焦点を当てて対話を続けることで、家族自身の気づきやわだかまりに対する許容の気持ち、あるいは認識の転換が起こる可能性があります。

　しかし、根が深くてうまく解消できない場合には、自宅への復帰ではなく、家族から離れた新しい生活の場として、高齢者専用住宅やケアハウスなどを検討することも必要になります。

5 家族アプローチ④ 退所準備・退所期

　中間期までのかかわりによって、家族の在宅復帰への意向が固まると、退所準備期に入ります。この時期には、次のような退所のシミュレーションを丁寧に行っていきます。

---

①試験外出・外泊
②退所後のケアプラン作成
③チームケアの徹底

1　試験外出・外泊

(1) 試験外出

　在宅復帰は、地域への復帰という意味で社会的リハビリテーションであるといえます。そう考えると、自宅に戻っても外出できる移動能力の獲得は社会生活の拡大という点において非常に重要です。
　施設周辺から自宅まで、段階を追って歩行の安定性を職員がしっかりと対策することで、入所者本人の歩行に対する自信を身につけることが目的となります。

(2) 試験外泊

　施設内では本人のADLが自立できていても、自宅では環境が変わるため外泊は慎重にすすめる必要があります。何度か外泊をくり返すことで、うまくできなかった部分の対策を家族と共有し解決していく

など、家族との共同作業が重要となります。

　また、福祉用具や住宅改修などの環境整備も外泊までの間にすすめておくとよいでしょう。

2 退所後の居宅ケアプランの作成

　相談員は、退所後の生活にも責任をもち、本人と家族が確実に在宅生活に移行できるように事前準備をします。具体的には、退所準備期に退所後の居宅ケアマネジャーの手配を行い、在宅復帰後のケアプランについて、居宅ケアマネジャーと本人・家族を交えて話し合いを重ねます。この際、入所中の介護計画と実施状況を踏まえた施設からのアドバイスを行ったり、場合によっては居宅ケアマネジャーの裁量に干渉しない程度に施設側の見立てによるケアプラン案を提示してもよいでしょう。

　復帰後は居宅ケアマネジャーにお任せという態度ではなく、その後もサポートしていくという姿勢を示すことで、本人・家族はいっそう心強く安心して在宅復帰に移行する意欲をもちます。復帰後も、デイケア、ショートステイ、訪問リハビリテーション等の利用によって在宅生活が支えられることを家族に伝えることが重要です。

3 チームケアの徹底

　退所期には、施設の各専門職がこれまで蓄積してきた本人の情報を再検証して、復帰後に在宅生活で起こると予測される課題を想定して未然に予防する手立てを考える必要があります。施設は毎日24時間、本人の状態を観察できるという居宅サービスにはないメリットをもっていますので、入所中のデータについては相談員を介して在宅復帰後のさまざまな居宅サービス利用に活用されます。相談員は各専門職に

よる情報交換を密に行い、それを集約して家族に伝えるという重要な役割を担っています。

6 家族アプローチ⑤ 退所後のフォローアップ

　在宅に戻った当初は、本人や家族は「今後、在宅生活を継続できるのか」と不安を抱えやすい時期です。そうしたときに、入所していた施設の相談員が定期的に自宅訪問して面談を行うことは、想像以上に心強いものです。入所初期から相談員が築いてきた本人・家族との信頼関係は、在宅復帰時には居宅ケアマネジャーよりはるかに強いと考えられます。

　在宅生活が軌道に乗るまでの移行期における支援は、特に情緒的なサポートという点で重要です。この移行期は、おおむね3カ月程度を目安にします。その間に居宅ケアマネジャーと連携しながら、施設の相談員も在宅生活継続を支援するチームの一員として本人・家族を支えます。地域全体で支えられているという実感をもってもらうための実践的な活動といえるでしょう。

確認問題

問題1 相談員の家族アプローチを4段階に分けた場合に、それぞれの段階で集中的に行うアプローチは何でしょうか？ ①〜⑨の空欄を埋めなさい。

1段階　入所前・入所・入所初期
　　　（　　　①　　　）
　　　（　　　②　　　）
　　　（　　　③　　　）

2段階　中間期
　　　（　　　④　　　）
　　　（　　　⑤　　　）

3段階　退所準備・退所
　　　（　　　⑥　　　）
　　　（　　　⑦　　　）
　　　（　　　⑧　　　）

4段階　退所後3〜6カ月
　　　（　　　⑨　　　）

問題2 本人の退所に関して家族が抱きやすい不安の大きな要因を5つ挙げなさい。

確認問題

解答1

①：信頼関係づくり　②：家族アセスメント
③：退所の見立て　④：家族の不安要因の検討・対処
⑤：家族への個別介入　⑥：試験外出・外泊
⑦：退所後の居宅ケアプラン作成　⑧：チームケアの徹底
⑨：フォローアップ

解説1

退所というゴールを目指して相談員が行うアプローチは、一定の過程を踏まえていることが重要です。また、入所からの時間が経過すればするほど、本人と家族の退所に対する意欲が低下していきます。個別にかかる時間は違いますが、相談員は上記のプロセスを可能な限り早期に実施していくことが、スムーズな退所につながります。そのため、上記のプロセスをしっかりと覚えて相談員業務のマネジメントを行っていくことが、利用者・家族のリハビリテーションの実現につながります。

解答2

本人との関係・接し方、家族個々人の生活がどうなるか、病弱者が在宅生活すること、家族生活像の変化、介護・世話の方法がわからない

解説2

退所をめぐる家族の不安を取り除かなければ、家族の退所意向は高まっていきません。しかし、在宅復帰に対する不安は無数にあるわけではなく、おおむね上記の5つに大別されます。相談員は、「何に対して不安を感じていますか？」と家族に聞いてどんな不安を感じているか明確にするのが基本です。しかし、往々にして家族自身は自分の不安をはっきりと言葉にすることができないものです。そのため、相談員が上記の5つの不安を1つずつ家族に投げかけて確認する作業が、家族自身が表明していない真の不安を見出すきっかけになります。

第5章
在宅復帰の経済学
──自立性回復が経営安定のカギ

1 介護保険財源

2 施設と在宅との費用差

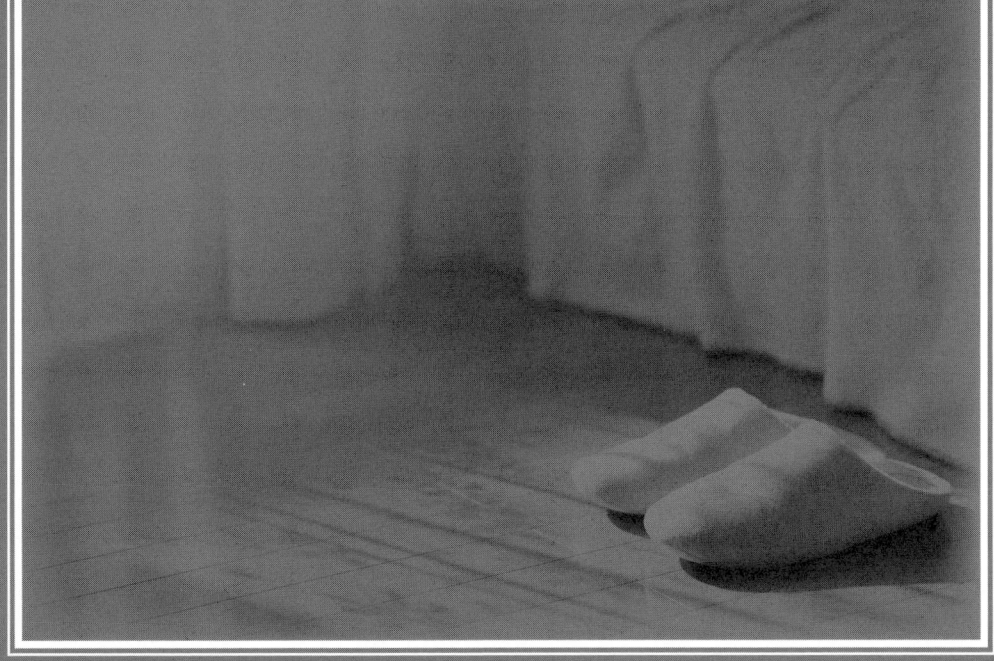

1 介護保険財源

1 介護施設における最終目標

　介護保険制度が創設されたことにより、介護保険施設に生じた大きな変化は、「在宅重視」という基本理念のもと、介護保険3施設ともに「在宅復帰」という概念が取り入れられたことです。介護保険制度創設以前から「在宅復帰支援施設」の役割であった介護老人保健施設（老健）は当然のことながら、終の棲家といわれてきた介護老人福祉施設（特養）や、医療依存度の高い利用者を引き受ける介護療養型医療施設であっても、制度上「住み慣れた自宅へ在宅復帰できるか」を検討する機会をもたなければならないことになりました。

　「要介護状態になっても可能なかぎり利用者が自立した在宅生活がおくれるよう……」とうたわれているように、介護保険施設で提供されるケアの最終目標は「在宅復帰」にあります。そのため介護報酬には、いずれの介護保険施設であっても「在宅復帰支援機能加算」が創設され、報酬改定の度に「在宅復帰関連の加算」の充実が図られてきました。

2 在宅復帰と介護保険財源

　この在宅復帰支援機能加算創設の背景には、「在宅復帰」を実現することで介護保険財源や介護保険施設の経営にも影響するという"からくり"があることをご存知でしょうか。介護保険制度創設から10年以上が経過しましたが、65歳以上の第1号被保険者は制度施行の2000

（平成12）年の2,165万人から、2006（平成18）年の制度改正時には2,676万人と、約511万人（124%）増加しました。要介護認定を受けている人数は218万人から440万人と、約222万人（202%）の増加を認めました。これに伴い介護保険総費用も2000（平成12）年の3.6兆円から2006（平成18）年の7.1兆円へと倍増しました。要介護高齢者の増加は、当然のことながら介護保険給付費の増加を招くことになり、高齢者の自立性は社会経済的問題に直結していきました。

そこで、2006（平成18）年の制度改正において位置づけられたのが「介護予防」です。「要介護状態とならないように」また「これ以上要介護状態が悪化しないように」と、「介護予防」と「自立性の回復と重度化予防」の理念および具体的なサービスが登場してきたのです。

3 財源の使途

介護保険費用について詳細に見てみると、どこに多くの介護保険費用が費やされているか見えてきます。

厚生労働省「平成18年11月分の介護保険受給者および介護給付費の構成割合」によると、介護保険サービス利用者は在宅サービス273万人、施設サービス81万人と、在宅サービス利用者が施設サービス利用者の3倍以上であるのに対して、介護給付費の比率は在宅サービス2,618億円、施設サービス2,049億円とほぼ同額であり、介護給付費に占める施設サービスの割合の大きさが理解できます（**図表5-1**）。

図表5-1 ●介護保険受給者数と介護保険給付費

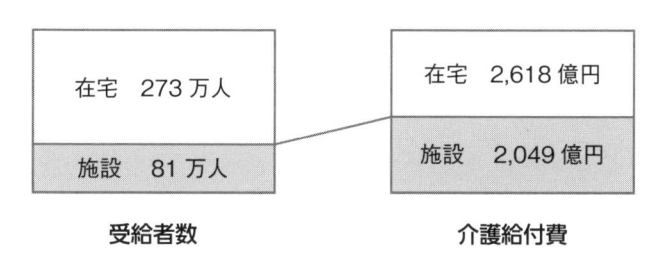

受給者数	介護給付費
在宅　273万人	在宅　2,618億円
施設　81万人	施設　2,049億円

出所：厚生労働省「平成18年11月分の介護保険受給者および介護給付費の構成割合」

また、介護保険事業状況報告（平成22年4月分）によると、在宅（含介護予防）サービス受給者は288万8,000人で、施設サービス受給者83万5,000人の約3倍となっていますが、費用累計は在宅（含介護予防）26億7,000万円、施設20億4,000万円と大差を認めません（**図表5-2**）。また、サービス種類別受給者1人当たり費用額は在宅（含介護予防）22万8,000円、施設29万6,000円（**図表5-3**）と、施設サービス受給者に多くの費用が費やされていることがわかります。

図表5-2 ● サービス種類別介護保険受給者数と費用累計

	受給者数	費用累計
在宅サービス	288万8,000人	26億7,000万円
施設サービス	83万5,000人	20億4,000万円

出所：厚生労働省「介護保険事業状況報告（平成22年4月分）」

図表5-3 ● サービス種類別1人当たり費用額

	1人当たり費用額
在宅サービス	22万8,000円
施設サービス	29万6,000円

出所：厚生労働省「介護保険事業状況報告（平成22年4月分）」

　このように施設サービス費用は、介護保険財源の圧迫に少なからぬ影響を与えていると理解できます。このような状況から、施設サービス受給者の増加をいかに防ぐか、施設サービス受給者をいかに在宅サービスへ移行するか、という制度改正の方向性もうかがえます。しかしながら、この在宅サービスへの移行は「期間限定入所」という場当たり的な方法で解決できるものではありません。もっとも大きな介護保険制度の社会経済的問題は「高齢者の自立性」であり、これを抜きにしては介護保険財政の根本的な問題解決には至らないでしょう。

　このような背景から、著者は2007（平成19）年に「介護老人保健施設からの在宅復帰がもたらす社会経済的効果についての研究」（藤尾、2009年）を行い、「在宅復帰」について経済的側面から調査しました。具体的には在宅復帰率が全国平均を上回る、在宅復帰に積極的な介護

老人保健施設（老健）3施設を対象に2006（平成18）年度、2007（平成19）年度に在宅復帰した利用者について調査したものです。3施設合計で、この2年間に在宅復帰した利用者数は394名、その後の追跡調査ができた263名を対象に調査した結果、施設入所費用は263名の平均で月28万1,000円、全員の入所期間は合計1,111カ月、総費用は金額に換算して3億1,000万円となりました。**図表5-4**に示したのは、要介護度別の入所費用平均です。

図表5-4●要介護度別入所費用平均

要介護度	要介護1	要介護2	要介護3	要介護4	要介護5
人数	43名	73名	79名	48名	20名
平均費用（月）	255,190円	266,660円	287,360円	30,350円	320,260円

著者作成

　この263名の在宅復帰後の費用として退所後在宅費用は平均で月17,988単位、施設入所費用と退所後在宅費用の費用差は月10,192単位、263名では金額に換算して月2,600万円となりました。この263名全員がこの先1年間在宅生活を継続すると仮定した場合、3億2,000万円の費用が介護保険財源から削減できることがわかりました。これはちょうど263名全員の施設入所費用総合計に匹敵する金額でもあります。

2 施設と在宅との費用差

1 施設と在宅との要介護度における費用差

さらに施設と在宅の費用差と、その関連内容を分析したところ、要介護度が軽度および改善した利用者（**図表5-5〜5-7**）、障害高齢者の日常生活自立度[※1表]が軽度および改善した利用者（**図表5-8〜5-10**）、認知症高齢者の日常生活自立度[※2表]が軽度の利用者（**図表5-11〜5-12**）、施設入所期間が長期の利用者が在宅復帰した場合（**図表5-13**）に、施設と在宅の費用差が大きい結果でした。

図表5-5 ●費用差と要介護度（入所時）

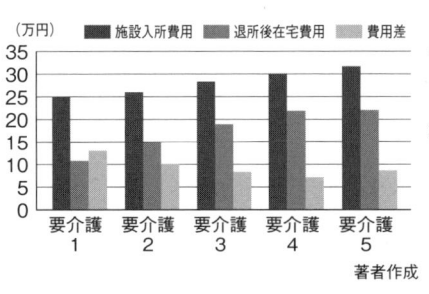

図表5-6 ●費用差と要介護度（退所時）

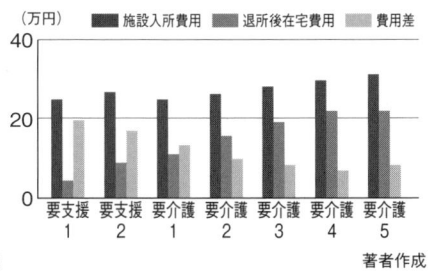

図表5-7 ●費用差と要介護度改善

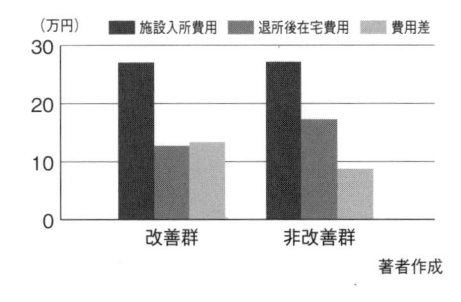

4 リハビリテーション・マネジメント

図表5-8 ● 費用差と障害自立度（入所時）

（施設入所費用／退所後在宅費用／費用差、単位：万円）

	J1	J2	A1	A2	B1	B2	C1	C2
施設入所費用	約25	約26	約26	約27	約28	約28	約29	約30
退所後在宅費用	約5	約15	約15	約15	約17	約20	約20	約20
費用差	約20	約10	約10	約10	約10	約8	約8	約8

著者作成

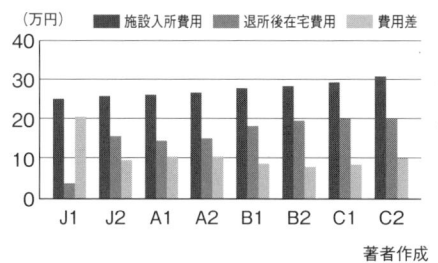

図表5-9 ● 費用差と障害自立度（退所時）

	J1	J2	A1	A2	B1	B2	C1	C2
施設入所費用	約26	約26	約26	約27	約28	約28	約29	約30
退所後在宅費用	約13	約15	約17	約18	約19	約19	約22	約22
費用差	約13	約11	約9	約9	約9	約9	約7	約8

著者作成

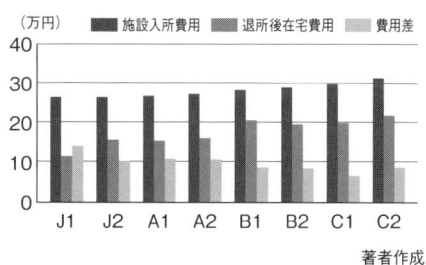

図表5-10 ● 費用差と障害自立度改善

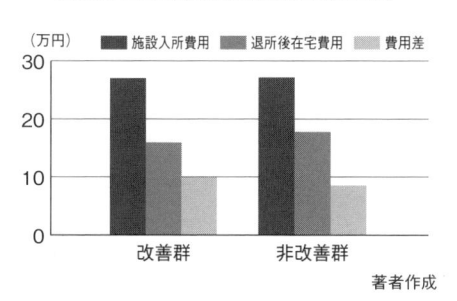

	改善群	非改善群
施設入所費用	約27	約27
退所後在宅費用	約16	約18
費用差	約10	約9

著者作成

※1表：障害高齢者の日常生活自立度（寝たきり度）判定基準

生活自立	ランクJ	何らかの障害等を有するが、日常生活はほぼ自立しており独力で外出する 1. 交通機関等を利用して外出する 2. 隣近所へなら外出する
準寝たきり	ランクA	屋内での生活は概ね自立しているが、介助なしには外出しない 1. 介助により外出し、日中はほとんどベッドから離れて生活する 2. 外出の頻度が少なく、日中も寝たり起きたりの生活をしている
寝たきり	ランクB	屋内での生活は何らかの介助を要し、日中もベッド上での生活が主体であるが、座位を保つ 1. 車椅子に移乗し、食事、排泄はベッドから離れて行う 2. 介助により車椅子に移乗する
寝たきり	ランクC	1日中ベッド上で過ごし、排泄、食事、着替えにおいて介助を要する 1. 自力で寝返りをうつ 2. 自力では寝返りもうたない

図表5-11 ● 費用差と認知症自立度（入所時）

	正常	I	IIa	IIb	IIIa	IIIb	IV
施設入所費用	約27	約27	約27	約27	約28	約30	約30
退所後在宅費用	約13	約16	約18	約17	約17	約21	約23
費用差	約13	約10	約9	約9	約9	約8	約7

著者作成

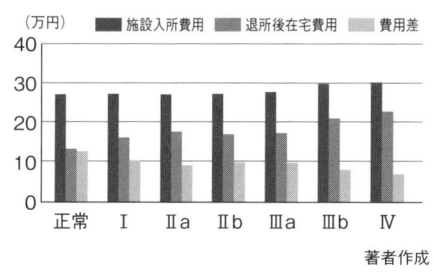

図表5-12 ● 費用差と認知症自立度（退所時）

	正常	I	IIa	IIb	IIIa	IIIb	IV
施設入所費用	約27	約27	約27	約27	約28	約29	約30
退所後在宅費用	約13	約16	約18	約18	約19	約22	約23
費用差	約13	約10	約9	約8	約8	約7	約7

著者作成

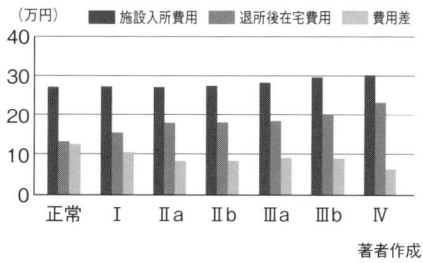

図表5-13 ● 費用差と施設入所期間

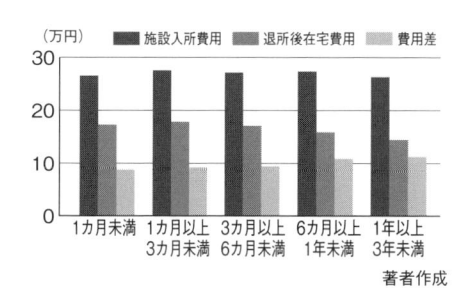

	1カ月未満	1カ月以上 3カ月未満	3カ月以上 6カ月未満	6カ月以上 1年未満	1年以上 3年未満
施設入所費用	約26	約27	約27	約27	約26
退所後在宅費用	約17	約18	約17	約16	約15
費用差	約9	約9	約9	約9	約11

著者作成

※2表：認知症状高齢者の日常生活自立度判定基準

ランク	判断基準	見られる症状・行動の例
I	何らかの認知症を有するが、日常生活は家庭内および社会的にはほぼ自立している。	
II	日常生活に支障を来たすような症状・行動や意思疎通の困難さが多少見られても、誰かが注意していれば自立できる。	
IIa	家庭外で上記IIの状態が見られる。	たびたび道に迷うとか、買物や事務、金銭管理等それまでできたことにミスが目立つ等
IIb	家庭内でも上記IIの状態が見られる。	服薬管理ができない。電話の応対や訪問者との対応等 人で留守番ができない等
III	日常生活に支障を来たすような症状・行動や意思疎通の困難さが見られ、介護を必要とする。	
IIIa	日中を中心として上記IIIの状態が見られる。	着替え、食事、排便、排尿が上手にできない、時間がかかる。 やたらに物を口に入れる、物を拾い集める。 徘徊、失禁、大声、奇声をあげる、火の不始末、不潔行為、性的異常行為
IIIb	夜間を中心として上記IIIの状態が見られる。	ランクIIIaに同じ
IV	日常生活に支障を来たすような症状・行動や意思疎通の困難さが頻繁に見られ、常に介護を必要とする。	ランクIIIに同じ
M	著しい精神症状や周辺症状あるいは重篤な身体疾患が見られ、専門医療を必要とする。	せん妄、妄想、興奮、自傷・他害等の精神症状や精神症状に起因する周辺症状が継続する状態等

費用差が大きいということは、施設から在宅復帰を実現することにより介護保険財源の削減につながるということです。この調査結果は「期間限定入所」ではなく、「自立性を回復して在宅復帰することが介護保険財源の削減につながる」という結果であり、介護保険施設のサービスが目指すべきケアを示唆するものでもあります。

2 在宅復帰後の費用差

次に調査対象者の在宅復帰後の退所後在宅費用については、要介護度、障害高齢者日常生活自立度、認知症高齢者日常生活自立度が重度になるにつれて費用が高くなり、施設入所中に要介護度、障害高齢者日常生活自立度が改善した利用者は、退所後在宅費用（在宅サービス利用費用）が安くなりました（**図表5-14～5-21**）。

これらの調査結果からも「在宅復帰」とは単に「家に帰すこと」ではなく、「在宅復帰支援」の役割をもつ老健がそのサービスを提供して利用者の「自立性回復」という役割を果たしていくことで、介護保険財源の削減につながることを示しています。

換言すれば「自立支援」という機能をもった老健は、介護保険財源の切迫した状態を解決に導く可能性があると考えます。このことは老健に限らず他の介護保険施設にも通じることであり、介護保険制度は確実に、その方向性をもって進んでいるといっても過言ではありません。

4 リハビリテーション・マネジメント

図表5-14●退所後在宅費用と要介護度（入所時）

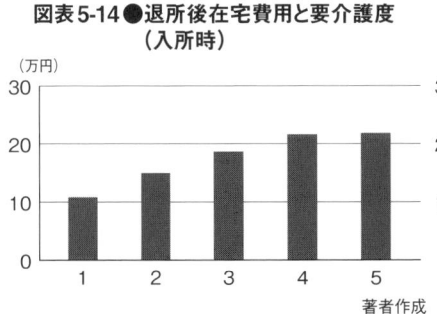

図表5-15●退所後在宅費用と要介護度（退所時）

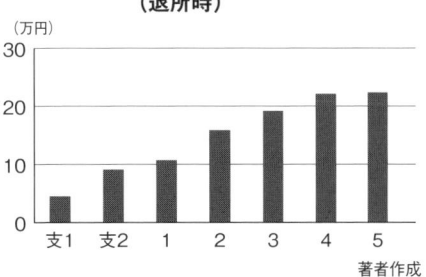

図表5-16●退所後在宅費用と要介護度改善

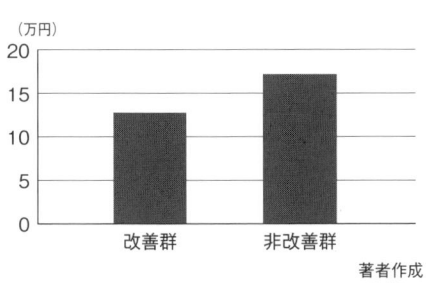

図表5-17●退所後在宅費用と障害自立度（入所時）

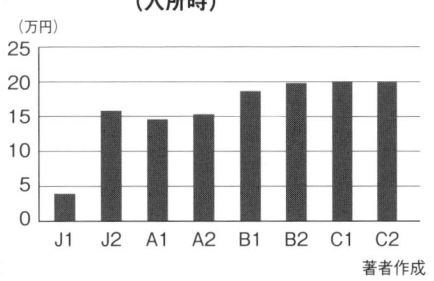

図表5-18●退所後在宅費用と障害自立度（退所時）

図表5-19●退所後在宅費用と障害自立度改善

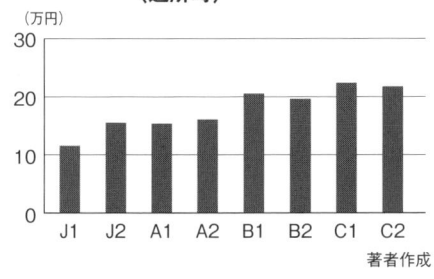

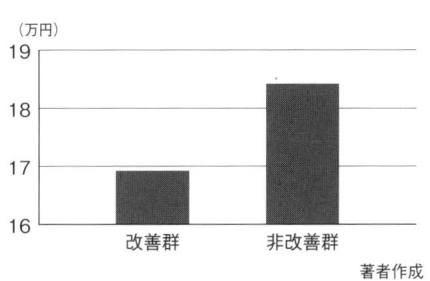

図表5-20●退所後在宅費用と認知症自立度（入所時）

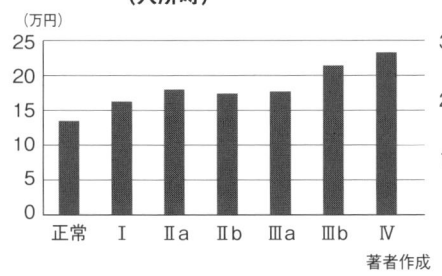

図表5-21●退所後在宅費用と認知症退所（退所時）

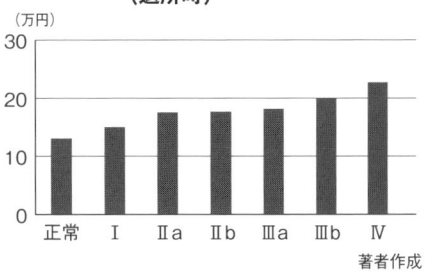

著者作成

3 在宅復帰と施設経営

では次に、「在宅復帰」を実現することによる施設経営について考えてみましょう。一般的には「在宅復帰」により入所者が減り施設経営が悪化するのではないかという懸念があり、「在宅復帰施設」である老健ですら、「在宅復帰支援機能加算」の在宅復帰率50％での加算を算定している施設は、全国で1割にも満たないといわれています。

これは、老健において本来の役割である「在宅復帰支援」が行われず、いかに入所が長期化しているかを示しており、老健が特養化している実態を物語っているのではないでしょうか。では本当に「在宅復帰」は施設経営を圧迫するのでしょうか？　次のように仮定して考えると、もうひとつの"からくり"が見えてきます。

1人の利用者が永久的に施設に入所し続ける場合と、施設入所と在宅生活を繰り返す2人の利用者がひとつのベッドをシェアする場合では、施設が算定する介護報酬に大きな格差が生まれます。

例えば老健入所者で、**図表5-22**のような施設の体制状況と仮定し、要介護3のA氏、B氏、C氏について計算してみます。A氏は1年間（12カ月間）入所を継続、B氏とC氏は3カ月ごとに施設入所と在宅生活をくり返し、ひとつのベッドを交代でシェアしています（**図表5-23**）。A氏1人が施設に入所し続ける場合に算定できる介護報酬と、B氏とC氏でベッドシェアした場合に算定できる介護報酬では、後者が高くなります。

A氏、B氏、C氏の介護報酬を計算してみると、**図表5-24、5-25**のようにA氏は年間353,160単位、3,531,600円の報酬がありました。ところがB氏、C氏では**図表5-25**のように年間488,840単位、4,888,400円となり、差額は年間1,356,800円と施設経営面から見るとB氏およびC氏の報酬のほうが高い結果となります。

この理由は「在宅復帰」を実現することで「在宅復帰関連の加算」が算定できることによるものです。この「在宅復帰関連の加算」とは、「在

図表5-22 ● 介護報酬体制状況

施設区分	介護老人保健施設
地域区分	その他
ユニットケア	対応不可
認知症ケア加算	なし
夜間勤務条件基準	基準型
夜勤職員配置加算	あり
ターミナルケア体制	あり
欠員による減算状況	なし
栄養ケアマネジメント体制	あり
サービス提供体制強化	加算Ⅰ
身体拘束廃止取組	あり

A氏、B氏、C氏は要介護3、全員多床室入所
＊1カ月は計算上30日とする

著者作成

図表5-23 ● A氏、B氏、C氏の施設入所と在宅生活

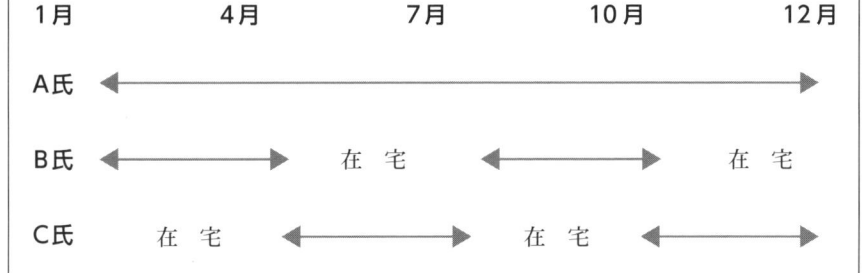

	1月	4月	7月	10月	12月
A氏	←――――――――――――――――――→
B氏	←―→ 在 宅 ←―→ 在 宅
C氏	在 宅 ←―→ 在 宅 ←―→

著者作成

宅復帰支援」ができる施設でなければ算定できません。具体的には**図表5-24**に示した在宅復帰支援機能加算と、**図表5-25**に示した初期加算、短期集中リハビリ実施加算、認知症短期集中リハビリ実施加算、退所前後訪問指導加算、退所時指導加算、退所時情報提供加算、退所前連携加算など「算定に日数制限や回数制限がある加算」が入所の長期化によって算定できなくなったり、在宅復帰を実現しなければ算定できなかったりする加算報酬だからです。ここにもうひとつの"からくり"があり、今後も介護報酬改定の度に施設サービスでの基本サー

図表5-24 ● A氏の介護報酬

・施設サービス費	915単位×30日＝	27,450単位
・栄養マネジメント加算	14単位×30日＝	420単位
・口腔機能維持管理加算		30単位
・在宅復帰支援機能加算	15単位×30日＝	450単位
・サービス提供体制加算Ⅰ	12単位×30日＝	360単位
・夜勤職員配置加算	24単位×30日＝	720単位

合計29,430単位
×12カ月
＝353,160単位
3,531,600円

著者作成

図表5-25 ● B氏およびC氏の介護報酬

・施設サービス費ほか	29,430単位×3カ月＝	88,290単位
・初期加算	30単位×30日×1カ月＝	900単位
・短期集中リハビリ実施加算	240単位×30日×3カ月＝	21,600単位
・認知症短期集中リハビリ実施加算	240単位×12日×3カ月＝	8,640単位
・退所前後訪問指導加算	460単位×3回＝	1,380単位
・退所時指導加算	400単位×1回＝	400単位
・退所時情報提供加算	500単位×1回＝	500単位
・退所前連携加算	500単位×1回＝	500単位

3カ月合計
＝122,210単位
＝122,210単位×4回
（B氏2回・C氏2回）
＝488,840単位
4,888,400円

著者作成

　ビス費が低くなっていくことが予測されます。このような加算報酬を算定できるか否かが施設経営に影響すると予想されます。

　以上のように、「在宅復帰」は介護保険財政全体と介護保険施設の経営に大きく影響しているといえます。そして、「在宅復帰」を実現するためには、施設種別にかかわらず、「自立性回復」のサービスが提供できる施設であるかどうかが重要です。これら2つの"からくり"は、今後も存在し続けるものと思われます。各施設サービスは、今以上に「在宅復帰」を意識する必要があるのです。

確認問題

問題1 在宅サービスと施設サービスの1人当たり費用額について、①、②に適当な数字を入れなさい。

介護保険事業状況報告（平成22年4月分）では、在宅サービスの1人当たりの費用額は（ ① ）円であり、施設サービスは（ ② ）円であり、施設サービス受給者に多くの費用が費やされている。

問題2 在宅復帰を実現することで算定できる「在宅復帰関連の加算」の介護報酬を7つ挙げなさい。

確認問題

解答 解説

解答1 ①：22万8,000　②：29万6,000

解説1 出題の意図：在宅サービスと施設サービスの費用についての基本的な理解をするための問題です。

介護保険制度導入後、要介護認定者は増加し、在宅、施設サービスの需要が増加しました。そのため、介護保険給付費は増大しています。また、在宅サービス利用者は施設サービス利用者の約3倍です。

解答2 在宅復帰支援機能加算、初期加算、短期集中リハビリ実施加算、認知症短期集中リハビリ実施加算、退所前後訪問指導加算、退所時指導加算、退所時情報提供加算、退所前連携加算

解説2 出題の意図：在宅復帰することで加算できる介護報酬を理解するための問題です。

算定に日数制限や回数制限があるもので、入所が長期化することで算定できなくなる、または在宅復帰を実現しなければ算定できない加算報酬です。

● 参考文献

(第2章)
- 加藤順吉郎「福祉施設および老人病院等における住民利用者（入所者・入院患者の意識実態調査分析結果）」
- 厚生労働省「2015年高齢者介護」
- 竹内孝仁（1998）『介護基礎学』医歯薬出版
- 竹内孝仁（2005）『認知症のケア』年友企画
- 竹内孝仁（2008）『家族で治そう認知症』
- 竹内孝仁ら（2010）『新版　リハビリテーション概論』建帛社
- 竹内孝仁（2011）『胃ろうよさようなら』筒井書房
- 竹内孝仁ら（2011）『おむつを外し　尿失禁を改善する』筒井書房
- 小平めぐみら（2011）『介護福祉　特集尊厳と自立を目指した排泄介護』
- 河井啓三ら（1977）『よくわかる排便・便秘ケア』
- トム・キットウッド著　高橋誠一訳（2006）『認知症のパーソンセンタードケア』筒井書房
- 上平恒（2009）『水とはなにか』講談社
- 竹内孝仁（2012）「介護力向上講習会① 水」
- 竹内孝仁（2012）「介護力向上講習会② 歩行と排泄」
- JS月刊老施協（2011.6）vol.477 P18-21
- 杉本浩司（2008）「介護老人福祉施設における入居者の自立性とQOLの関係について」自立支援介護学 2（1）

(第3章)
- 増原真砂子（2009）「自立支援にもとづいたおむつはずしの実践とおむつ費用との関係について」国際医療福祉大学大学院修士論文
- 公益社団法人全国老人福祉施設協議会「平成22年度事業報告」2011.5.20, P39
  http://www.roushikyo.or.jp/jsweb/html/public/contents/other/intro/info/info/business_report_h22.pdf
- 厚生労働省「介護・高齢者福祉：介護保険財政：財政の仕組み，介護保険財政の動向」
  http://www.mhlw.go.jp/topics/kaigo/zaisei/sikumi.html
- （財）介護労働安定センター「平成22年度介護労働実態調査結果について、事業所における介護労働実態調査及び介護労働者の就業実態と就業意識調査」資料提供 2011.8.23
- 佐藤桂子（2009）「特別養護老人ホームにおける利用者の排泄状況と介護量に関する研究」自立支援介護学 2-2, P90-100
- 竹内孝仁（2009）『介護再生　なぜ離れていくのか―離職の事態』年友企画, P7

(第4章)
- 竹内孝仁（2006）『特養・老健からの在宅復帰をすすめる本』年友企画
- 竹内孝仁（2007）『ケアマネジメントの職人完全版』年友企画
- 熊倉伸宏（2002）『面接法』新興医学出版社
- 熊倉伸宏（2012）『面接法2―方法論的意識をめぐって―』新興医学出版社
- 倉石哲也（2004）『ワークブック社会福祉援助技術演習③家族ソーシャルワーク』ミネルヴァ書房
- 石原邦雄（2008）『改訂版　家族のストレスとサポート』放送大学教育振興会
- 亀口憲治（2010）『改訂新版　家族心理学特論』放送大学教育振興会
- 宮本みち子、清水新二（2009）『家族生活研究―家族の景色とその見方―』放送大学教育振興会
- 財団法人メンタルケア協会（2006）『人の話を「聴く」技術』宝島社
- 岡田尊司（2011）『人を動かす対話術―心の奇跡はなぜ起きるのか―』PHP研究所
- 小林奈美（2009）『実践力を高める家族アセスメントPartⅠ』医歯薬出版
- 小林奈美（2011）『実践力を高める家族アセスメントPartⅡ』医歯薬出版

(第5章)
- 厚労省「平成18年介護サービス施設・事業所調査」
  http://www.mhlw.go.jp/toukei/saikin/hw/kaigo/kaigo06/gaiyo.html

参考文献

- 藤尾祐子（2009）「介護老人保健施設からの在宅復帰がもたらす社会経済的効果についての研究」自立支援介護学 Vol.2 No.2、東京：日本自立支援介護学会、84-89
- 竹内孝仁（2009）『介護再生』東京：年友企画株式会社
- 竹内孝仁（2006）『老健・特養からの在宅復帰をすすめる本』東京：年友企画株式会社
- 竹内孝仁（2006）『介護予防の戦略と実践』東京：年友企画株式会社
- 厚労省「介護保険事業状況報告（平成22年4月分）」
  http://www.mhlw.go.jp/topics/kaigo/osirase/jigyo/m10/1004.html
- 厚労省「介護給付費実態調査（平成22年4月審査分）」
  http://www.mhlw.go.jp/toukei/saikin/hw/kaigo/kyufu/10/kekka2.html

MEMO

MEMO

● 著者プロフィール

● 編者・著者(第1章)

竹内孝仁(たけうち・たかひと)

国際医療福祉大学大学院医療福祉学研究科教授
1966年、日本医科大学卒業。同年、東京医科歯科大学医学部整形外科に所属、1978年、同整形外科講師、1983年、同リハビリテーション部助教授。1991年、日本医科大学教授(リハビリテーション科)、2004年、国際医療福祉大学大学院教授(医療福祉学研究科)。日本ケアマネジメント学会副理事長、富山在宅復帰をすすめる研究会会長、パワーリハビリテーション研究会会長、日本自立支援介護学会会長。主な著書に、『介護基礎学』(医歯薬出版)、『驚異のパワーリハビリテーション』(年友企画)、『認知症は水で治る！』(共著、ポプラ社)など。

● 著者(第2章)

小平めぐみ(こだいら・めぐみ)

国際医療福祉大学大学院医療福祉学研究科先進的ケア・ネットワーク開発研究分野助教。2010年、国際医療福祉大学大学院医療福祉学研究科博士課程修了、博士(医療福祉学)。1997年より医療福祉法人・社会福祉法人和光会に介護職として勤務。2004年より社会福祉法人ちいさがた福祉会に介護職、生活相談員、管理職として勤務。2009年10月より長野県厚生農業協同組合連合会教鹿湯病院居宅支援事業所にケアマネジャーとして勤務。2011年4月より現職。主な研究テーマは、認知症・高齢者介護全般。

● 著者(第3章)

野村晴美(のむら・はるみ)

国際医療福祉大学医療福祉・マネジメント学科講師。2010年、国際医療福祉大学大学院医療福祉学研究科保健医療学専攻博士課程修了、医療福祉学博士。専門分野は高齢者介護。社会福祉法人樅山会特別養護老人ホーム樅の木荘にて介護福祉士として勤務、生活相談員、介護支援専門員等を経て、2007年4月より国際医療福祉大学助教、2012年4月より同講師。

● 著者(第4章)

井上善行(いのうえ・よしゆき)

国際医療福祉大学大学院医療福祉学研究科先進的ケア・ネットワーク開発研究分野専任講師。2010年、国際医療福祉大学大学院医療福祉学研究科満期退学。1997年、東北大学文学部文学科卒業。1998年、日本社会事業学校研究科修了後、社会福祉法人朋光会にて特別養護老人ホーム生活相談員および在宅介護支援センターソーシャルワーカー、株式会社シニアパワー研究所にて居宅介護支援事業所ケアマネジャーなど、相談援助の現場業務に従事。2011年より現職。博士(医療福祉学)。

● 著者(第5章)

藤尾祐子(ふじお・ゆうこ)

順天堂大学保健看護学部看護学科在宅看護学助教。2012年、国際医療福祉大学大学院医療福祉学研究科修了、医療福祉学博士。1986年、看護師免許取得。同年4月より愛知県厚生連更生病院勤務。1995年4月より静岡県三島市社会福祉協議会勤務。1999年4月より介護老人保健施設ラ・サンテふよう勤務。居宅介護支援事業所所長、訪問看護ステーション所長、看護介護部長。介護支援専門員。2012年1月より順天堂大学保健看護学部看護学科在宅看護学助教。専門分野は在宅看護学、ケアマネジメント学、認知症ケア学。日本ケアマネジメント学会認定ケアマネジャー試験委員。

総監修者プロフィール

(50音順)

江草安彦（えぐさ・やすひこ）

社会福祉法人旭川荘名誉理事長、川崎医療福祉大学名誉学長
1926年生まれ。長年にわたり、医療・福祉・教育に従事、医学博士。旧制広島県立福山誠之館中学校卒業後、岡山医科大学付属医科専門部（現・岡山大学医学部）に進学し、勤務医を経て総合医療福祉施設・社会福祉法人旭川荘の創設に参加、85年より旭川荘の第2代理事長となる。現在は名誉理事長。川崎医療福祉大学学長（〜03年3月）、川崎医療福祉大学名誉学長および川崎医療福祉資料館館長（現在に至る）。00年、日本医師会最高優功章受章、01年保健文化賞、06年瑞宝重光章、09年人民友誼貢献賞など受賞多数。

大橋謙策（おおはし・けんさく）

公益財団法人テクノエイド協会理事長、元日本社会事業大学学長
1943年生まれ。東京大学大学院教育学研究科博士課程修了。日本社会事業大学教授、大学院研究科長、社会福祉学部長、社会事業研究所長、日本社会事業大学学長を経て、2011年より現職。埼玉県社会福祉審議会委員長、東京都生涯学習審議会会長等を歴任。著書に、『地域社会の展開と福祉教育』（全国社会福祉協議会）、『地域福祉』『社会福祉入門』（ともに放送大学教育振興会）、『地域福祉計画策定の視点と実践』（第一法規）、『福祉21ビーナスプランの挑戦』（中央法規出版）ほか。

北島政樹（きたじま・まさき）

国際医療福祉大学学長
1941年生まれ。慶應義塾大学医学部卒。外科学（一般・消化器外科）専攻、医学博士。慶應義塾大学名誉教授。Harvard Medical School、Massachusetts General Hospitalに2年間留学。杏林大学第一外科教授、慶應義塾大学病院副院長、院長、医学部長を経て名誉教授。国際医療福祉大学副学長、三田病院院長を経て国際医療福祉大学学長（現職）。英国王立外科学会、アメリカ外科学会、イタリア外科学会、ドイツ外科学会、ドイツ消化器外科学会、ハンガリー外科学会名誉会員およびポーランド外科学会名誉会員。New England Journal of Medicine、World Journal of Surgery、Langenbeck's Archives of Surgeryなどの編集委員。ブロツワフ大学（ポーランド）、センメルワイス大学（ハンガリー）名誉医学博士。

介護福祉経営士テキスト　実践編Ⅱ-4
リハビリテーション・マネジメント
QOL向上のための哲学

2012年8月25日　初版第1刷発行

編著者　竹内孝仁
発行者　林　諄
発行所　株式会社　日本医療企画
　　　　〒101-0033　東京都千代田区神田岩本町4-14　神田平成ビル
　　　　TEL. 03-3256-2861（代）　http://www.jmp.co.jp
　　　　「介護福祉経営士」専用ページ　http://www.jmp.co.jp/kaigofukushikeiei/
印刷所　大日本印刷株式会社

ⓒTakahito Takeuchi 2012, Printed in Japan　ISBN 978-4-86439-101-6 C3034　定価は表紙に表示しています。
本書の全部または一部の複写・複製・転訳載の一切を禁じます。これらの許諾については小社までご照会ください。

これからの介護・福祉事業を担う経営"人財"

介護福祉経営士テキスト　シリーズ全21巻

総監修

江草 安彦 社会福祉法人旭川荘名誉理事長、川崎医療福祉大学名誉学長

大橋 謙策 公益財団法人テクノエイド協会理事長、元日本社会事業大学学長

北島 政樹 国際医療福祉大学学長

【基礎編Ⅰ】テキスト（全6巻）

1	**介護福祉政策概論** ──施策の変遷と課題	和田 勝	国際医療福祉大学大学院教授
2	**介護福祉経営史** ──介護保険サービス誕生の軌跡	増田雅暢	岡山県立大学保健福祉学部教授
3	**介護福祉関連法規** ──その概要と重要ポイント	長谷憲明	関西国際大学教育学部教授・地域交流総合センター長
4	**介護福祉の仕組み** ──職種とサービス提供形態を理解する	青木正人	株式会社ウエルビー代表取締役
5	**高齢者介護と介護技術の進歩** ──人、技術、道具、環境の視点から	岡田 史	新潟医療福祉大学社会福祉学部准教授
6	**介護福祉倫理学** ──職業人としての倫理観	小山 隆	同志社大学社会学部教授

【基礎編Ⅱ】テキスト（全4巻）

1	**医療を知る** ──介護福祉人材が学ぶべきこと	神津 仁	特定非営利活動法人全国在宅医療推進協会理事長／医師
2	**介護報酬制度／介護報酬請求事務** ──基礎知識の習得から実践に向けて	小濱道博	介護事業経営研究会顧問
3	**介護福祉産業論** ──市場競争と参入障壁	結城康博／早坂聡久	淑徳大学総合福祉学部准教授／社会福祉法人柏松会常務理事
4	**多様化する介護福祉サービス** ──利用者視点への立脚と介護保険外サービスの拡充	島津 淳　福田 潤	桜美林大学健康福祉学群専任教授

【実践編Ⅰ】テキスト（全4巻）

1	**介護福祉経営概論** ──生き残るための経営戦略	宇野 裕	日本社会事業大学専務理事
2	**介護福祉コミュニケーション** ──ES、CS向上のための会話・対応術	浅野 睦	株式会社フォーサイツコンサルティング代表取締役社長
3	**事務管理／人事・労務管理** ──求められる意識改革と実践事例	谷田一久	株式会社ホスピタルマネジメント研究所代表
4	**介護福祉財務会計** ──強い経営基盤はお金が生み出す	戸崎泰史	株式会社日本政策金融公庫国民生活事業本部融資部専門調査役

【実践編Ⅱ】テキスト（全7巻）

1	**組織構築・運営** ──良質の介護福祉サービス提供を目指して	廣江 研	社会福祉法人こうほうえん理事長
2	**介護福祉マーケティングと経営戦略** ──エリアとニーズのとらえ方	馬場園 明	九州大学大学院医学研究院医療経営・管理学講座教授
3	**介護福祉ITシステム** ──効率運営のための実践手引き	豊田雅章	株式会社大塚商会本部SI統括部長
4	**リハビリテーション・マネジメント** ──QOL向上のための哲学	竹内孝仁	国際医療福祉大学大学院教授／医師
5	**医療・介護福祉連携とチーム介護** ──全体最適への早道	苛原 実	医療法人社団実幸会いらはら診療所理事長・院長
6	**介護事故と安全管理** ──その現実と対策	小此木 清	弁護士法人龍馬 弁護士
7	**リーダーシップとメンバーシップ、モチベーション** ──成功する人材を輩出する現場づくりとその条件	宮野 茂	日本化薬メディカルケア株式会社代表取締役社長

※タイトル等は一部予告なく変更する可能性がございます。